鎌倉《かまくら》を歩く　時宗《ときむね》を歩く

鈴木　亨著

鷹書房弓プレス

目次

鎌倉人物点描

企画　玄創社
カバー写真　山崎裕弘

序にかえて——鎌倉いまむかし

鎌倉五山第五位の浄妙寺境内に鎌足稲荷という小祠がある。大化二年（六四六）中臣鎌足《なかとみのかまたり》（のちの藤原鎌足）が常陸国《ひたち》（茨城県）の鹿島神社に参詣の折り、相模国の由比《ゆい》郷に泊った。そのとき、鎌足の夢枕に一人の白髪の翁が現われ、

「お前に霊験あらたかな剣を授けよう。これを地に埋めれば天下の良く治まること疑いない」

といって消え去った。夢からさめると、枕元に鎌があった。そこで鎌足がそれを埋める地を探していると、一匹の白狐が現われて浄妙寺の裏山に案内したので、そこへ埋めた。その場所が鎌足稲荷のあたりだという。

鎌足がそこに堂を建てて神楽を奉納したところ神楽を舞った男が神憑《がか》りして、

「霊剣を埋めたこの鎌倉の地は、これより五穀豊穣、人民安楽の平和な里になるであろう」

と神託を告げた。都に帰って鎌足がこのことを孝徳天皇に言上すると、以後、その地を「鎌倉」と唱えよ、との仰せがあった。鎌倉の地名はここから起こったということである。

しかし鎌倉のもっとも古い記録は『古事記』景行天皇の条に、倭建命《やまとたける》の御子、足鏡別《あしかがみわけ》王が鎌倉の別《わけ》の祖《おや》となったという記事がある。となると鎌足の時代より遥か以前に鎌倉という地名があったわけで、結局のところ、この地名の起源についてはいまだはっきりしたことは分かっていない。確かな文献の上に鎌倉が登場するのは、正倉院文書の中の『相模国封土戸租交易帳』である。

これは奈良時代の天平七年（七三五）十一月に相模国司が中央に報告した計算帳で「鎌倉郡鎌倉郷三十戸、田一百三十五町一百九歩」と記されている。

源頼朝の幕府創設

平安時代に入って、前九年の役で東国に遠征した源頼義、義家の父子は康平六年（一〇六三）に山城国の石清水《いわ》八幡宮を鎌倉の由比郷鶴岡に勧請して社殿を建立した。現在の元八幡の地である。このころから源氏と鎌倉の関係が深まり、義家から四代目の義朝は鎌倉に館を設けて住んでいる。寿福寺の境内がその館跡と伝えられ、裏山の源氏山の名もそれにちなむものといわれている。

しかし鎌倉を一躍、歴史の檜舞台に押し上げたのは源頼朝である。平治の乱で敗れた頼朝は伊豆の蛭《ひる》ケ小島に流されたが、治承四年（一一八〇）に以仁《もちひと》王の令旨をうけて挙兵し、石橋山の合戦では大敗したものの、たちまち捲土重来して鎌倉に入った。このとき由比郷の鶴岡八幡宮を現在の地に遷している。

文治元年（一一八五）平家を壇ノ浦に滅した頼朝は建久三年（一一九二）征夷大将軍に任ぜられて鎌倉幕府を開いた。明治維新まで六百七十余年に及ぶ武家政治はこのときに始まったのである。しかしそこに至るまでには同族の木曽義仲を討ち、弟の義経を追うなど、骨肉相剋の悲劇を繰り返している。保元平治の乱でも源氏は親兄弟が争ったし、やがて迎える源氏滅亡にもやはり骨肉の争いが絡む。骨肉相剋は源氏の血統といっていい。

頼朝の死後、長子頼家が二代将軍となるが、母政子の実家北条氏の圧力に抵抗して、妻の実家比企《ひき》一族と語らい北条氏討滅を計る。しかしこれは事前に洩れて比企一族は全滅し、頼家も伊豆修善寺に幽閉されたのち、建保三年（一二一五）北条氏の手にかかり暗殺された。

つづいて頼家の弟実朝が三代将軍となったが、承久元年（一二一九）正月、鶴岡八幡宮拝賀の帰路、頼家の子公暁《くぎよう》に襲われて横死した。この事件の背後にも北条氏の謀略があったらしい。ともあれ、ここに源氏は三代にして絶えた。

北条執権と鎌倉幕府滅亡

源氏滅亡後、北条氏は京都から公卿や皇族の幼児を迎えて将軍職につけ、みずからは執権として幕府を支配した。この間に、先の比企氏をはじめ、和田氏、三浦氏などの幕府草創期からの有力御家人たちが次々と粛清されていった。承久三年には後鳥羽上皇が武家に奪われた政権を取り返そうと討幕の兵を挙げた。いわゆる承久の乱である。しかし幕府軍はこれを一蹴し、かえって北条氏の執権政治の基礎を固めることになった。

貞永式目（御成敗式目《ごせいばいしきもく》）を布《し》いた三代執権泰時とその子時頼のときに北条氏は全盛期を迎える。鎌倉の町がもっとも栄えたのもこのころである。当時の繁栄の模様は『海道記』に次のように記されている。

「申《さる》の斜《ななめ》（午後六時ころ）に湯井（由比）の浜に落着きぬ。しばらく休みて此所《このところ》をみれば、数百艘の舟、とも綱をくさりて大津の浦に似たり。千万宇の宅、軒を並べて大淀のわたりに異《ことな》らず」

しかしこの北条氏の繁栄も、文永十一年（一二七四）と弘安四年（一二八一）の二回にわたる蒙古の来襲によってようやく衰退の気配を見せはじめる。このころ鎌倉にやって来た日蓮は『立正安国論』を書いて幕府に呈上し、治国の要道を示して、外国からの侵攻が近いことを説き、それをまぬがれるためには我が法華経を信ずべしと主張したが、容れられず伊豆の伊東へ流された。

しかしその予言通り、蒙古は文永十一年と弘安四年の二回にわたって博多に来襲した。執権北条時宗は断固として抗戦し、幸い、折りからの暴風雨で蒙古の大軍を退けることができた。しかしその後の恩賞の沙汰などで御家人たちの不満がつのり、結局は幕府の勢威が衰退することになる。

こうした時勢を見て後醍醐天皇が討幕を企てるが、これは事前に洩れ、主謀者の一人、日野俊基は鎌倉に送られて斬られた。しかしその直後に後醍醐天皇は挙兵し、敗れて隠岐の島に流されたものの、諸国に討幕の兵が起こって、元弘三年（一三三三）五月、新田義貞が鎌倉に乱入する。北条高時はじめ一族八百七十余人は東勝寺に追いつめられて白刃し、ここに鎌倉幕府は滅亡した。

室町・戦国時代の鎌倉

後醍醐天皇の親政による建武中興は成ったが、足利尊氏が第二の北条氏になりつつあるのを憂えた後醍醐天皇の皇子護良《もりよし》親王はこれを倒そうとし、かえって鎌倉に幽閉され、尊氏の弟直義の手にかかり殺されてしまう。

その後、後醍醐天皇に叛いた尊氏は天皇を吉野に追い、京都に新帝（光明天皇）を擁立した。京の北朝と吉野の南朝の、いわゆる南北朝の抗争はこのときに始まる。

延元三年（一三三八）尊氏は室町幕府を開き、次男基氏を鎌倉に派遣して鎌倉公方とした。しかしその実権はしだいに家宰の上杉氏が握るようになり、永享十一年（一四三九）に足利持氏が将軍義教と争って敗れ、鎌倉公方は滅びた。その子成氏は古河に去って古河公方と称する。こうして鎌倉はまたもや主《あるじ》を失って荒廃の一途をたどることになるのである。

戦国時代になって鎌倉は三浦導寸（義同《よしあつ》）の支配下に入ったが、小田原に擡頭した北条早雲と争って敗れ、油壺の新井城で滅びた。鎌倉を手に入れた早雲は大船に玉縄城を築いて鎌倉の守りを固めている。永禄四年（一五六一）長尾景虎が小田原へ遠征したとき玉縄城を攻撃しているが、ついにこれをはね返したほどの堅城であった。ちなみにこの折りの閏三月十六日、景虎は鶴岡八幡宮の社前で上杉憲政から正式に関東管領をゆずり受け、名を上杉政虎と改めている。すなわち上杉謙信である。

天正十八年（一五九〇）小田原北条氏を滅した豊臣秀吉は鶴岡八幡宮に参拝している。このとき秀吉が頼朝の木像の肩をたたいて、

「あなたも私も同じ天下人、われらは天下の友である」

と語りかけたという話が伝えられている。

江戸時代の鎌倉

慶長八年（一六〇三）江戸に幕府を開いた徳川家康は鎌倉を天領とした。以後、たびたび徳川氏は鶴岡八幡宮の再建をしたりして保護しているが、これは徳川氏が源氏の流れを汲む新田氏の末裔を称していたので、源氏の守り神である鶴岡八幡宮を深く崇敬したためであろう。

江戸時代の鎌倉は、今日ほどではないにしてもやはり観光地として賑わっていたようだ。大山詣り（阿夫利《あぶり》神社）のあと、江ノ島、鎌倉をまわって江戸へ帰るというコースが一般的だった。なお幕末には吉田松陰が幾度か瑞泉寺を訪れている。

明治以後、今日までの鎌倉

鎌倉が新たに脚光を浴びるようになったのは明治十年代である。海水浴場として世に知られるようになり、初めは財界人や上流階級の別荘地として開けた。やがて明治二十二年に横須賀線が、同三十五年に江ノ電が開通して、ますます別荘地鎌倉の名が高くなる。大正から昭和の初年にかけては島崎藤村、国木田独歩、高山樗牛、鈴木大拙、芥川龍之介などのいわゆる鎌倉文人たちが移り住み、文人の町として喧伝されるようになる。近くは川端康成、大佛次郎、小林秀雄、吉屋信子など多士済々である。

そして現在、鎌倉は都心からわずか一時間という近距離にありながら、豊かな自然をよく残した古都として、日本を代表する観光都市の一つにかぞえられ、その名は海外にまで知られている。

時宗《ときむね》を歩く

北条時宗

時宗誕生

時宗誕生の地、甘縄神社

建長三年（一二五一）五月十五日の酉《とり》の刻（午後六時）ころ、鎌倉幕府執権北条時頼に男子が生まれた。のちの相模太郎時宗の誕生だった。

鶴岡八幡宮別当法印隆房《りゅうぼう》はかねてから、時頼の妻の出産はこの日と予言していた。隆房が昨年の正月に鶴岡八幡宮で祈願したところ、八月に時頼夫人が妊娠するという夢のお告げがあった。さらにこの年の二月、伊豆国三島神宮で祈願したところ、夢に白髪の老翁が現われ、

「五月十五日の酉の刻に男子を出産するであろう」

と告げたという。そして当日の朝を迎えたのだが、時頼は妻が一向に産気づかないので、隆房のもとに使者を走らせ、

「本当に今日に相違ないのか」

と申し送った。それにたいして隆房は、

「今日の酉の刻までにはお生まれになります。お疑いあるべからず」

と返答していた。

時頼の妻の産所は有力御家人の安達氏邸に設けられていた。そこは時

甘縄神社

頼の母松下禅尼の実家であり、安心して妻を託せる場所だった。

午後四時ころになってようやく夫人が産気づいた。そして午後六時も過ぎようというときに、ついに待望の男子が生まれたのだった。時頼はただちに安達邸に駈けつけた。そして北条一門もぞくぞくとやって来て嫡男の出産を祝い、安達邸は喜色につつまれた。

時宗の生まれた安達邸は甘縄《あまなわ》にあった。

鎌倉のメインストリートである若宮大路の下馬四つ角から長谷方面に通じる由比ケ浜通りを西に行き、長谷消防署の脇を入ったところで、現在、そこには甘縄神社（長谷一丁目）が鎮座していて、入口に「安達盛長邸跡」の碑が立てられていて、境内に北条時宗産湯の井戸もある。

甘縄神社は御輿嶽《みこしだけ》の中腹にあり、いまは民家にさえぎられて見えないが、かつては前面に相模湾を見渡す景勝の地だった。奈良時代の和銅年間（七〇八～一五）に、この地の豪族染谷太郎時忠という者が天照大御神を祀ったのが当社の起こりだとされ、長谷一帯の鎮守になっている。

初代鎌倉将軍源頼朝に蛭ケ小島時代から仕えていた安達藤九郎盛長がここに邸を与えられ、以後、代々の安達氏がここに住み、源氏滅亡後は北条氏と縁戚で結びついて幕府重臣の地位を保っていた。しかし弘安八年（一二八五）の霜月騒動で安達一族は滅亡してしまう。甘縄神社はそ

【北条氏略系図】（数字は歴代執権）

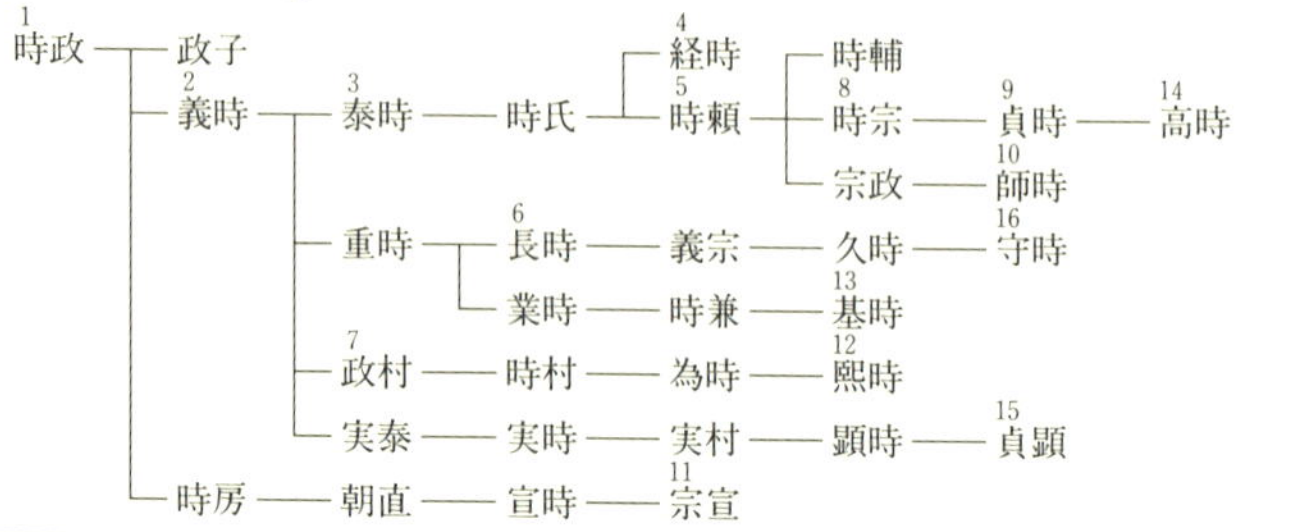

うした安達一族の盛衰を見守っていたのだ。

生まれた男子の七夜の祝いは五月二十一日に連署の北条重時が主催して盛大に行なわれた。連署とは執権を補佐し、幕府の公文書に副書をする役目だ。時頼の妻は重時の娘であり、赤子は重時にとっては孫にあたる。しかも執権の嫡男として将来の執権の座が約束されている。重時としても嬉しかったことだろう。

やがて小町の執権邸に引き取られた赤子は正寿《しょうじゅ》と名づけられた。

しかし、実のところをいえば時頼にとって正寿は最初の子ではなかった。三年前の宝治二年（一二四八）に宝寿《ほうじゅ》という子を儲けていた。しかし宝寿の母は将軍頼嗣《よりつぐ》の侍女であり、嫡男としての扱いは受けていなかった。正室所生の正寿こそ正真正銘の時頼の嫡男なのだ。

公卿将軍の追放

正寿が生まれた建長三年の暮れ、千葉氏一族の矢作《やはぎ》左衛門尉、長《ちょう》長《なが》連《つら》らの謀反が露見し、その背後にはすでに京に追放されていた前将軍頼《より》経《つね》が絡んでいることが分かった。そこで翌建長四年四月、時頼は将軍頼嗣を京に追放した。頼嗣が在京の父頼経と共謀して謀反を企てたという理由だった。

時頼は後嵯峨天皇の長子宗尊《むねたか》親王を新将軍として迎えるよう朝廷の了

源頼朝配流の蛭ケ小島

解を取りつけ、四月一日に京から宗尊親王が到着するのと入れ違いに、頼嗣を京に送還した。頼嗣はまだ十四歳の少年だったから、実際には幕府打倒の陰謀とは関係がなかったろう。しかし時頼としては、頼嗣が謀反を起こす連中に担がれないよう用心したのだ。

こうして公卿将軍は廃され、以後、鎌倉将軍には皇族が立てられることになった。

北条氏の家系

ここで改めて北条氏の家系を振り返ってみることにする。

北条氏の祖は桓武平氏の流れを汲む平直方で、その四代後の時家のときに伊豆国田方郡北条（静岡県田方郡韮山町）に住んで北条氏を名乗った。先祖代々、名前に同じ字を用いるのを通字というが、北条氏の場合は「時」を通字にしている。

時家の孫時政は、娘政子が蛭ケ小島の流人だった源頼朝の妻という縁から、頼朝の挙兵に協力し、鎌倉幕府樹立後に重臣の列に加わった。そして二代将軍頼家のときに幕政を執行する重臣十三人の筆頭となり、三代将軍実朝のときに将軍後見役の執権となり、幕府の実権を握った。

元久二年（一二〇五）に時政の子義時が二代執権となったが、時政・義時の父子は巧みに比企・梶原・畠山・和田氏などの有力御家人を次々

北条館跡の政子産湯の井

と没落させて、北条氏独裁の基盤を築いていった。そして承久元年（一二一九）正月二十七日、将軍実朝が甥の公暁（二代将軍頼家の遺児）に鶴岡八幡宮の社頭で暗殺されて源氏が断絶すると、京から公卿の九条道家の子三寅《みとら》（元服して頼経）を迎えて四代将軍に立てた。以後、将軍は完全に執権北条氏の傀儡となったのである。

北条氏の独裁体制成る

承久三年（一二二一）五月、後鳥羽上皇が幕府から政権を奪回しようとして挙兵し、いわゆる承久の乱が起こった。御家人たちは朝敵になるのを恐れて出撃をためらったが、尼将軍と呼ばれた北条政子の、

「武士の世を招いた故・頼朝公のご恩を忘れたか」

という声涙ともに下る大演説に励まされて鎌倉を出陣、朝廷軍を撃破して、幕府樹立以来最大の危機を乗り切った。

元仁元年（一二二四）に義時が死去して、その子泰時が三代執権となった。そして貞永元年（一二三二）に御成敗式目を制定する。これはリンカーン流にいえば「武士の、武士による、武士のための憲法」だったが、結局は執権北条氏による御家人支配の法度にすぎなかったともいえる。

泰時の子時氏は早く死んだため、泰時は孫の経時に執権職をゆずった。

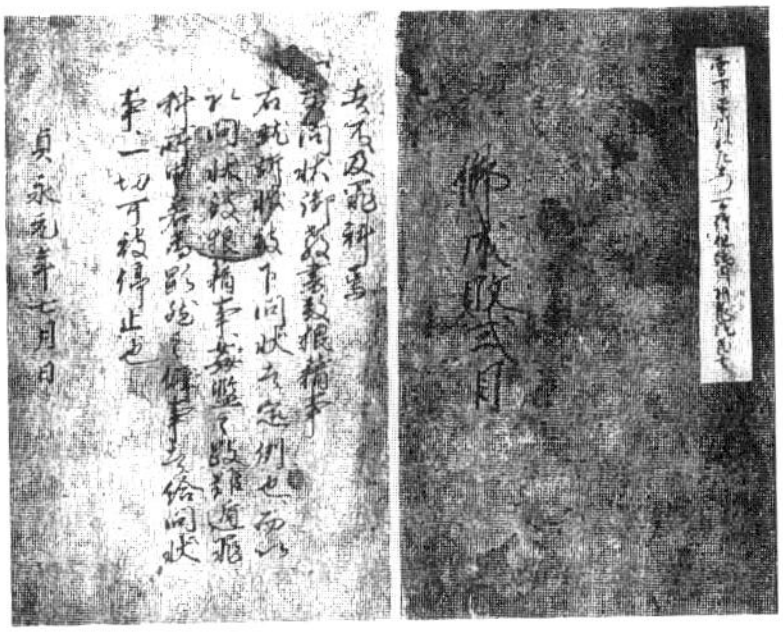

御成敗式目

経時は幕府に反感を抱きはじめた将軍頼経を廃して、その子頼嗣に代えた。執権はもはや将軍さえも意のままに更迭するまでの権力を確立していたのだ。

寛元二年（一二四四）に経時が死去し、その弟時頼が五代執権となった。すなわち時宗の父である。

時頼は宝治元年（一二四七）に、幕府創業以来の功臣であり、北条氏にとっては最大のライバルだった三浦一族を挑発して挙兵に追い込み、ついに滅亡させた。これを世に宝治合戦という。これによって北条氏の独裁体制が確立した。

康元元年（一二五六）十一月に時頼は執権職を岳父の重時の子長時にゆずった。本来なら家督を嗣ぐべき正寿がまだ幼かったためだ。長時はいわば繋ぎの執権にすぎなかった。それまで執権職は北条氏の家督を嗣いだ者、いわゆる得宗《とくそう》が就任する慣わしだった。それが初めて家督相続者以外から執権が出たのだ。

執権を退くにあたって時頼は最明寺《さいみょうじ》で出家し、覚了房道崇《どうすう》と号した。そこで世に最明寺入道などと呼ばれる。

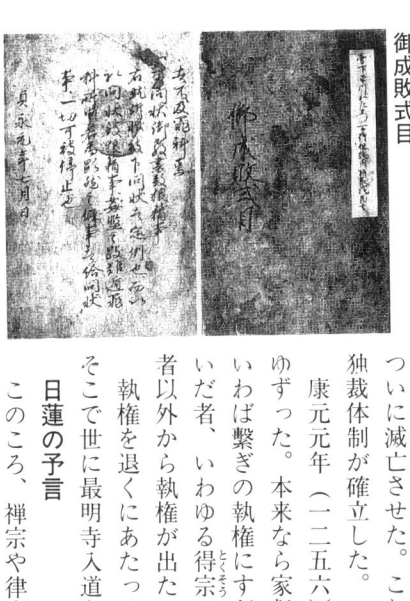

日蓮の予言

このころ、禅宗や律宗などが幕府の外護《げご》を受け、鎌倉仏教として興隆

日蓮辻説法跡

していたが、そうした既成の宗教に敢然と挑戦したのが安房国東条郷小湊《こみなと》出身の日蓮だった。日蓮は建長五年（一二五三）に天台宗の法華経こそ真実の仏教であり、「南無妙法蓮華経」の七字の題目にそれが集約されているとする法華宗を開いた。

そして鎌倉の松葉ケ谷に草庵を結び、日ごと街頭に立って辻説法を行なった。心ない人々の罵倒や投石を浴びながらも一向にひるまず説法をつづけるうち、日蓮を師と仰ぐ者も少しずつ増えていった。鎌倉市内の小町大路に沿って日蓮辻説法跡の地があり、木立に囲まれて碑が立てられている。これは近くの妙勝寺（廃寺）にあったものを明治になって移したものだ。

このころ、各地で大地震、暴風雨、流行病、火災、洪水、旱魃などがつづき、日蝕・月蝕などもあって人心は不安に陥っていた。この中で日蓮が『立正安国論』を著したのは、まさにこういう時期だった。日蓮は他宗を邪宗であると猛烈に非難し、

「すみやかにこの邪宗を禁じないと天変地異が相次ぎ、自界反逆難《じかいほんぎやくなん》（内乱）と他国進逼難《たこくしんぴつなん》（異国の襲来）を受け、ついには国を滅ぼすであろう」

と説いた。そして文応元年（一二六〇）にこの『立正安国論』を前執

権の北条時頼に呈上する。時頼は無視したが、怒った念仏宗徒によって日蓮の松葉ケ谷の草庵が焼き打ちされる。

危うく逃れた日蓮は下総（千葉県）に逃れたが、そこで多くの信者を得た。そして翌弘長元年（一二六一）の春ころ、再び鎌倉に入って辻説法を開始したが、幕府によって伊豆に配流される。

しかし伊豆でも日蓮は多くの信者を得て、二年後に赦免になって鎌倉に戻った。翌文永元年（一二六四）の秋、郷里の小湊に帰ったときには、地頭の東条景信の手勢に襲われる。しかし、これにもめげず日蓮はその後も安房・上総・常陸方面を精力的に布教してまわり、多くの信者を獲得している。

そしてほどなく日蓮の「自界反逆難、他国侵逼難」の予言が的中し、時宗もその渦中に巻き込まれることになるのである。

襲われる日蓮の松葉ケ谷草庵

成長する時宗

時宗元服

正寿の庶兄宝寿が元服して相模三郎時利《ときとし》と名乗ったのは康元元年（一二五六）八月のことだった。『吾妻鏡』はそれをごく簡単に記している。

若宮大路幕府跡

時利はほどなく時輔《ときすけ》と改名するので、以後は時輔で通すことにする。

そして翌康元二年二月二十六日、今度は正寿が元服した。七歳のときである。将軍宗尊の御所での元服の儀式には多くの御家人が参列した。理髪の役は執権長時、加冠の役は将軍がみずから勤めた。そして正寿は将軍から一字を与えられて「時宗」と名乗った。ここに相模太郎時宗が誕生した。

兄時輔のときと違って『吾妻鏡』はその盛大な有様を精しく伝えている。時輔が相模三郎なのに弟が相模太郎として嫡男の扱いを受ける。それが嫡出子と庶子の相違だった。

この儀式のとき、時輔のほうは庭で馬を曳いていた。弟の晴れ姿を時輔は果してどのような思いで見ていたのだろうか。それ以後の数々の幕府の行事にも時輔は登場するのだが、いつも時宗より下位の家臣の扱いを受けている。欝屈して当然だろう。

時宗が元服した将軍の御所は、若宮大路にあった。現在、雪ノ下一丁目の民家の間の小路に「若宮大路幕府跡」の碑が立てられている。建長四年（一二五二）の六代将軍宗尊親王から最後の将軍となった九代守邦親王までの幕府跡だ。

鎌倉幕府の所在地は三度移されている。頼朝が開いた最初の幕府跡は

宇都宮辻子幕府跡

清泉女学院小学校（雪ノ下三丁目）のある一帯で、「大蔵幕府跡」の碑が立てられている。三代将軍実朝までの御所跡で、そのすぐ近くに頼朝の墓がある。

次の四代将軍頼経と五代将軍頼嗣の宇都宮辻子《うつのみやずし》幕府跡は、若宮大路幕府跡の南方の宇都宮稲荷の小祠があるあたりで、ここにもその跡を示す碑が立てられている。そして若宮大路幕府跡が三つ目の幕府跡ということになる。

時宗のデビュー

文応元年（一二六〇）七月、御家人の大須賀朝氏《ともうじ》・阿曽沼《あそぬま》光綱の二人が幕命に従わないことがあった。このとき尋問に当った時宗と北条実時は尋問の次第を文書にして提出しているが、時宗はそれに「平《たいらの》時宗」と署名している。このころから時宗の名がひんぱんに幕府の記録に見えるようになる。つまり幕政に参画することが多くなっていったのだ。

文応二年（一二六一）正月になると、時頼は息子たちの序列を、相模太郎時宗、同四郎宗政、同三郎時輔、同七郎宗頼と定めた。年令順ではなく、嫡庶の順にしたのだ。こうして太郎時宗が執権になる道は着々と整えられていったのだが、このことは庶兄時輔の鬱憤にますます拍車をかけることにもなっていった。

極楽寺境内

弘長元年（一二六一）四月二十四日、将軍宗尊は北条重時の新造の極楽寺山荘に招かれた。そして翌二十五日に笠懸が行なわれた。笠懸とは馬を走らせながら的を射る行事で、のちの流鏑馬《やぶさめ》にあたる。射手はいずれも弓の名手ぞろいで、次々に的を射落とす妙技は観衆の喝采を博した。将軍もいたく感心したようで、小笠懸なるものを見てみたいと言い出した。

小笠懸は笠懸よりもさらに的を小さく、そして遠くしたものだ。笠懸は鹿や猪のような大型の獲物を倒す射芸だが、小笠懸は兎などの小動物が相手で、それだけに難しい。

「だれか試みる者はないか」

と時頼が周囲を見回したが、万一射損ずれば面目を失う。そこでだれも名乗りを上げる者がいなかった。すると時頼は、「時宗を呼べ」と命じた。

そのとき時宗は弱冠十一歳の少年で、文武両道に秀でた逸材だという評判は知れ渡っていたが、人々の前に姿を現わすような機会はこれまであまりなかった。その時宗に小笠懸をさせようというのだから、将軍はじめ御家人たちは大いに興味を抱いた。

北条館から急ぎ呼び寄せられた時宗は、萌黄の直垂《ひたたれ》に鹿皮のむかばき

鶴岡八幡宮の流鏑馬

(皮の腰巻)を着け、颯爽と馬場に現われた。噂にたがわぬ凜々しい武者ぶりに人々が固唾をのんで見守る中、合図の太鼓が鳴りひびいた。

鹿月毛と名づけた馬にまたがった時宗は駆けながら弓に矢をつがえ、きりりと引き絞り、ひょうと放った。矢は見事的を貫き、砕けた的が宙に舞い上がった。観衆からどっと称賛の声が上がった。そのまま馬場の端まで駆け抜けた時宗は、特に誇らしげな顔も見せず、宗尊将軍に一礼すると、そのまま北条館に帰って行った。

時宗が晴れ舞台で見事なデビューを飾った北条重時の極楽寺山荘跡(極楽寺三丁目)には、いま極楽寺がある。これは重時が忍性《にんしょう》上人を開山として建立したものだ。古絵図には四十余の伽藍が描かれているから、往時はかなりの大寺だったことがうかがえる。

現在は本堂と大師堂を残すだけのささやかな寺域になっているが、古寺の雰囲気を忍ばせる山門から本堂にのびる参道の桜が実に見事だ。

極楽寺のあたりには流鏑馬が行なわれた跡は残っていないが、流鏑馬の行事そのものは鶴岡八幡宮の通称やぶさめ道で毎年九月十六日に盛大に行なわれている。

時頼の回国説話

時頼は執権から退いて出家したとはいえ、なお隠然たる権力を幕府内

北条時頼

に保っていた。そして時折り僧に身をやつして諸国を行脚し、下情を探っていたと伝えられる。室町時代に世阿弥《ぜあみ》が造った謡曲「鉢の木」もそれを題材にしている。

ある旅の僧が下野国佐野（栃木県佐野市）のあたりで大雪に見舞われた。もはや夕暮なので、どこかに宿はないかと見まわすと、一軒のあばら屋があった。そこで一夜の宿を乞うと、老武士とその妻が快く招き入れてくれた。

しかし、家の中は戸の隙間から寒風が吹き抜け、囲炉裏には火の気もない。震えている僧の姿に老武士は、

「せっかくの客人になんのもてなしもできぬのは申し訳ない。せめて火なりとも」

といって、軒下にあった秘蔵の鉢から梅、桜、松を引き抜き、惜し気もなく囲炉裏に投げ込んだ。

旅僧が老武士の素性をたずねると、もと佐野庄を領していた御家人で佐野源左衛門常世という者だが、一族の者に所領を乗っ取られ、落ちぶれてしまったということだった。

「しかし、いざ鎌倉、というときには真っ先に鎌倉に駆けつける覚悟はいつも持っております」

と老武士は語った。

　翌朝、旅僧は厚く礼を述べて立ち去ったが、それからほどなくして、鎌倉から召集の軍令が触れ出された。佐野源左衛門はすぐさま痩せ馬にまたがって鎌倉に馳せ参じた。参集した御家人たちの前に姿を現わした前執権の北条時頼は、意外にも例の旅僧その人だった。時頼は源左衛門にその折りの礼を述べ「いざ鎌倉」の事態に備えている心がけを褒めた。そして鉢の木にちなんだ梅田、桜井、松枝の庄を領地として与えたという。

父時頼の死去

弘長三年（一二六一）十一月、病いに伏した時頼は危篤に陥り、心静かに臨終を迎えたいと最明寺の邸に移り、二十二日に死去した。法名は道崇。生年三十七だった。臨終にさいしては袈裟を着け、床上で座禅を組み、

「業鏡高懸、三十七年、一槌打破、大道坦然」

という偈《げ》（仏の功徳を称える句）を唱えたという。

　時頼の死を知ると、人々が群れをなして弔問に訪れ、多くの御家人が髪を下ろした。そして二十三日にその葬儀が営まれた。

　時頼の墓は北鎌倉のアジサイ寺として有名な明月院の境内にひっそり

北条時頼の墓

と佇んでいる。時頼の建立した最明寺が廃寺になっていたのを、子の時宗が再興して禅興寺を建立した。のちに室町時代になって上杉憲方が塔《たっ》頭《ちゅう》（子寺）の明月院を建立した。そして禅興寺もいつのころか廃寺となり、明月院だけが残ったのだ。

この寺がアジサイ寺として知られるようになったのは昭和も戦後になってからである。なんとなく植えたアジサイがいつしか境内に繁茂し、鎌倉名所の一つになってしまったのである。時頼の墓は境内の一隅に石柵に囲われている。小さな宝篋印塔《ほうきょういんとう》である。

三年後の文永元年（一二六四）七月に執権長時が死去した。このとき時宗は十三歳で連署の地位につき、それまで連署だった長老の政村が執権となった。長時と同じように、政村もまた時宗の成長を待つ間の繋ぎの執権だった。

こうして時宗が執権となる条件は着々と進められていった。

宗尊親王追放

文永三年（一二六六）六月、将軍宗尊親王が謀反を企てているという風評が流れた。それを機に幕府は宗尊親王を将軍の座から下ろすべく動きはじめた。実のところ、幕府には成人に達した将軍が目ざわりになっていた。どうせ傀儡将軍として祭り上げているだけなのだから、いっそ何も分からない子供のほうが面倒がない。宗尊親王には嫡男の惟康《これやす》王がいる。わずか三歳だが、幕府の象徴たる将軍としての役には立つ。

また、もう一つの事情もあった。まもなく十六歳の時宗が執権になるはずだ。しかし将軍を後見する執権が将軍より年下では格好がつかない。幼児の新将軍を立てたほうが収まりがいいというわけである。

七月四日、将軍宗尊は京に送還されていった。惟康王との別れを惜しむことさえ許されなかった。そして新しい七代将軍として惟康王が擁立された。

この将軍交替劇のとき、時宗はまだ十六歳の少年だった。執権政村や安達泰盛らが中心になって事を進めていったのだろう。

モンゴルのクビライ・ハンが日本に国書を送り届けてきたのは、将軍宗尊親王の追放から二年後の文永五年正月のことだった。

第一次モンゴル襲来

クビライの野望

北条時宗が元服して三年後の文応元年（一二六〇）、中国大陸ではモンゴル帝国のクビライが五代ハンに即位した。クビライは始祖の英雄チ

チンギス・ハン

『東方見聞録』を書いた
マルコ・ポーロ

ンギス・ハンの孫にあたる。北京を首都として大都と号し、年号を立てて中統元年としたが、一二六四年に改元されて至元元年となる。

当時、大陸や西欧諸国では日本が非常に豊かな国だという評判が立っていた。クビライに仕えたベネチア人のマルコ・ポーロは『東方見聞録』でジパング（日本）を次のように紹介している。

「東海に浮かぶジパング島の住民は色が白く、文化的で豊かである。偶像を崇拝し、どこの国にも従属せず独立している。黄金は無尽蔵にある。この島の支配者の宮殿の屋根はすべて黄金で葺《ふ》かれている。宮殿内の道路や床も厚い黄金で敷き詰められている。窓さえも黄金で造られているのだから、この宮殿の豪華絢爛さは想像を絶するものがある。大ハンのクビライは、その話を聞いて、この島を征服しようという計画を立てた……」

日本にもおそらくモンゴル帝国の勢威は聞こえているはずだ。したがって使者を送って従属を求めれば、一も二もなく朝貢の使者を派遣してくるだろうとクビライは踏んだ。そこで至元三年（文永三年・一二六六）に、すでに支配下にある朝鮮半島の高麗に黒的《こくてき》・殷弘《いんこう》を派遣し、この二人をモンゴルの使者として日本に送るよう命じた。

二人は巨済島まで行って日本の島影を遠望した。しかし、ちょうど季

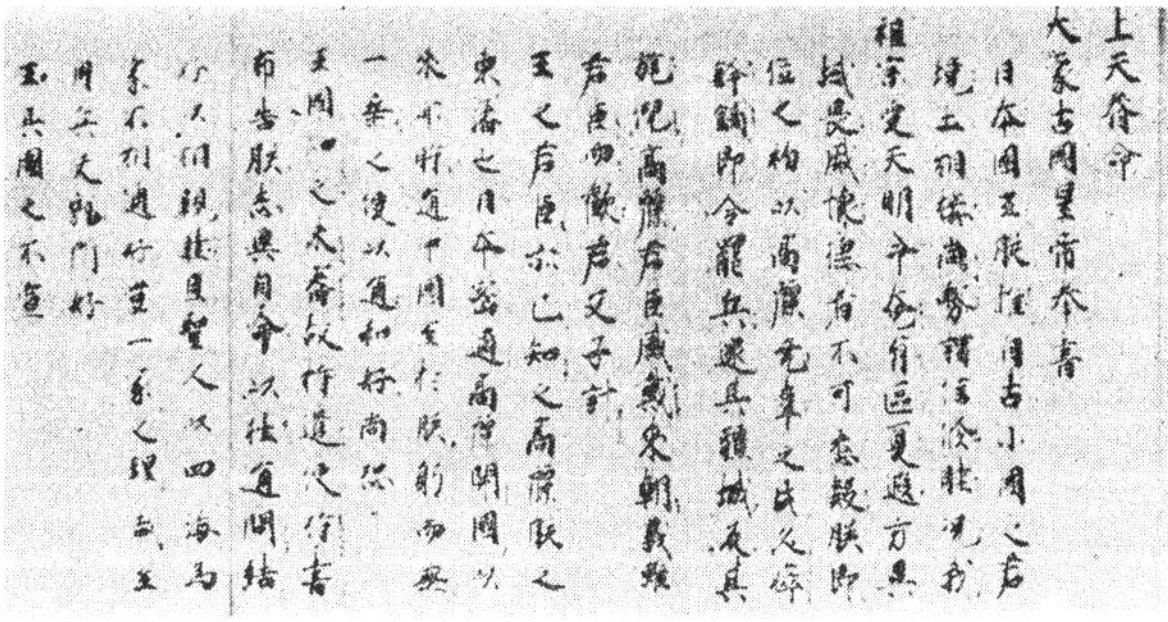
蒙古國牒狀
上天眷命
大蒙古國皇帝奉書
日本國王朕惟自古小國之君
境土相接尚務講信修睦況我
祖宗受天明命奄有區夏遐方異
域畏威懷德者不可悉數朕即
位之初以高麗無辜之民久瘁
鋒鏑即令罷兵還其疆域反其
旄倪高麗君臣感戴來朝義雖
君臣而歡若父子計
王之君臣亦已知之高麗朕之
東藩也日本密邇高麗開國以
來亦時通中國至於朕躬而無
一乘之使以通和好尚恐
王國知之未審故特遣使持書
布告朕志冀自今以往通問結
好以相親睦且聖人以四海爲
家不相通好豈一家之理哉至
用兵夫孰所好
王其圖之不宣

モンゴルの国書

節は冬で日本海は荒れ狂っていた。黒的らは恐れおののき、帰国してクビライに、日本への渡海は波が荒くて不可能だと報告した。

しかし、それで諦めるクビライではない。翌至元四年（文永四年）六月になると、こんどは高麗王に直接日本への使者を派遣せよと厳命した。やむなく高麗王は潘阜《はんぷ》と李挺《りてい》にモンゴルの国書を持たせて日本に派遣した。

モンゴルの国使来る

潘阜らが九州の太宰府に到着したのは文永五年（一二六八）一月一日のことだった。鎮西奉行太宰少弐《しように》資能《すけよし》はとりあえず国書を早馬で幕府に送った。「上天眷命《じょうてんけんめい》大蒙古皇帝、書を日本国王に奉る」という書き出しで始まるその国書の要旨は次のようなものだった。

「むかしから小国の君主は中国と国境が接すれば親睦につとめる態度をとってきた。我が国は天の命を受けて中国全土を領有し、その徳になつく異境の民は数知れぬほどである。高麗も同様である。日本はその高麗を通じて中国王朝と修交してきた。しかし自分の世になってからは一度も修好を通じてこない。これはどういうわけか。あるいは我が国の偉大さを日本は知らないのではないか。そこで特に使者を遣わして書を届け、自分の志を通告するものである。これより友好を結び親睦を深めようで

北条執権屋敷跡の碑

はないか。兵を用いるのは好むところではない。よくよく考えよ」
要するにクビライは日本に臣従を求め、もし拒否するようなら武力に訴えると婉曲に恫喝してきたのだ。幕府では将軍惟康親王、執権北条政村、連署北条時宗ほか奉行衆がこの国書を一読し、その傲慢無礼さに腹を立てた。しかし国家の一大事に関することであり、とりあえず朝廷に回送して裁断を仰ぐことにした。
朝廷でも後嵯峨上皇はじめ群臣が評議し、この無礼な国書には返書を与えないことに決定した。その決定が幕府に通達されると、幕府は西国の守護大名らに「蒙古襲来の恐れあり。用心あるべし」という指令を出した。この噂を聞いた人々は、明日にもモンゴルが攻めて来るのではないかと動揺した。朝廷は各地の寺社に命じて異国降伏《ごうぶく》の祈禱を始めさせた。

時宗、執権となる

そうした物情騒然たる中で、三月五日に幕府の新しい陣容が発令された。執権の政村が連署に退き、連署の時宗が八代執権となった。このとき時宗、十八歳だった。いくら聡明ではあるといっても、国運を左右する大事を決するほどの決断力が備わっていたとは思えない。おそらく幕府要人たちは、待望久しかった時宗を最高権力者の座につけることによって、これから起こるであろう国難に立ち向かう求心力にしようとしたのだろう。

当時の北条執権屋敷は鶴岡八幡宮の三の鳥居前の東西の道が小町大路に突き当るところに設けられていた。現在、その地に宝戒寺（小町三丁目）がある。この寺は北条氏滅亡後に、その霊を弔うために後醍醐天皇が足利尊氏に命じて建立させたものだ。木造地蔵菩薩を本尊としている。境内には四季折々の花が多いが、特に見事なのは萩で、別名を「萩の寺」ともいう。

再三のモンゴルの使者

太宰府に留められていたモンゴル国使の潘阜らは返書もなく虚しく帰国したが、クビライは翌文永六年（至元六年）に黒的・殷弘の二人を再び日本に派遣した。

この使者の一行が対馬に上陸すると、地頭の宗資国《そうすけくに》（助国）は太宰府に急使を出してこれを報告した。太宰府は早馬で京都の六波羅《ろくはら》に急報し、六波羅からさらに幕府に報された。それがトンボ返りで鎌倉から朝廷に奏上されて時が経つうちに、対馬で騒ぎが起こった。待ちくたびれて苛々している使者の一行と島人の間に争いが起こったのだ。そして黒的らは二人の島人を拉致して引き揚げて行った。

クビライ・カン

しかしクビライはなおも日本を従属させようとする野望を捨てず、今度は趙良弼《ちょうりょうひつ》を日本に派遣した。至元八年（文永八年・一二七一）九月に趙良弼の一行は博多に上陸して国書を鎌倉に送った。このたびは朝廷では返書を出そうという意見もあったが、幕府は断固として返書を認めず、趙良弼は目的を果さず帰国せざるをえなかった。

この至元八年十一月、クビライはモンゴル帝国を大元という中国風の国名に改めた。そこでモンゴルの襲来を日本では「元寇《げんこう》」といったのである。寇という字には「敵国の侵入」という意味がある。

兄時輔の謀反

ところで、時宗の庶兄の時輔は文永元年（一二六四）に六波羅南探題《たんだい》として京に赴任した。その年に時宗が連署となり、政村が執権となっている。六波羅探題は重職ではあるが、ある意味で左遷人事でもあった。ようするに将来時宗が執権になるとき、時輔が鎌倉にいては面倒なことになりかねないという配慮から遠ざけられたのだ。

時輔には、幼いころから弟時宗の日蔭に立たされてきたことにたいしての鬱憤が積もり積もっていたにちがいない。どんな組織にも反体制派はいる。そんな人々にとって、時輔は旗印として担ぎやすい存在だったと思われる。

この時輔と気脈を通じた北条一族の名越時章《なごえときあき》・教時《のりとき》兄弟は二人とも幕府の評定衆の重職についてはいたのだが、幕政の枢機にかかわる談合からは外されていた。当然ながら面白くない。名越一族は本家の専制にたいして不満を抱いていたのだ。

文永九年二月、ついに時輔は名越時章・教時らと語らって謀反を企てた。

かれらは京と鎌倉で同時に挙兵しようと計画していたのだが、これは事前に発覚して、時章と教時は鎌倉で自害させられ、時輔は六波羅北探題の兵に襲撃されて討たれた。

これが日蓮の予言した「自界反逆難」だった。

しかし、モンゴルの襲来がいつあるか分からず、国内が一致団結しなければならないとき、自分に反感を抱いている庶兄時輔は時宗としても何かと気になる存在だったろう。時輔が謀反を企てたのは、時宗としては一気にケリをつける好機だったのかもしれない。

日蓮の法難

文永五年（一二六八）十月、再び鎌倉に姿を現わした日蓮は、執権北条時宗をはじめ幕府の要人らに「十一通書状」を送りとどけ、改めて他宗攻撃を開始した。時宗はこれを無視したが、たまりかねた念仏者たち

竜口寺山門

は日蓮を処分するよう幕府に訴え出た。

そこで文永八年に幕府は日蓮を佐渡に配流することにした。しかし、実は鎌倉を出たところの竜ノ口で斬る予定だった。

九月十二日、日蓮は竜ノ口の斬首の座に据えられた。それを「南無妙法蓮華経」と題目を唱える多数の信者たちが囲んでいた。このとき一条の怪しい光が夜空を走り、首斬り役人の刀が折れた。役人らは恐れおののいて、これを幕府に報告した。そこで幕府は予定通り佐渡に流したという。

後に弟子の日法が延元二年（一三三七）にこの地に一宇の堂を建立して日蓮の像を祀った。それが腰越近くにある竜口《りようこう》寺《じ》（藤沢市片瀬海岸）で、江ノ電江の島駅のすぐ近くに山門が電車道を見下ろしている。かつては門前まで海が迫っていたという。

境内に日蓮が座ったという敷皮石があり、処刑場跡の碑が立てられている。本堂・妙見堂・仏舎利堂などのほか、鎌倉では唯一の塔である五重塔がそびえている。

佐渡でも日蓮の不屈の布教はつづけられ、多くの信者を得た。なかには本土から日蓮を慕って佐渡に渡って来る者もいた。

時宗の庶兄時輔が京都で反乱を起こしたのは、そんな折りのことだった。それ見たことかと日蓮はいう。

「見よ、さきに予言した自界反逆難がこうして起こったではないか。遠からず他国侵逼難が起こるであろう」

モンゴル襲来の噂に怯えている人々には、日蓮の言葉は説得力があった。そして幕府内部にも日蓮の赦免の声が上がった。やむなく幕府は文永十一年（一二七四）に日蓮を赦免した。

執権時宗は日蓮に他宗派の僧らとともに敵国降伏の祈禱をするよう説得したが、法華宗を絶対唯一の正法と信ずる日蓮がそれを承知するはずもない。そして幕府に見切りをつけた日蓮は甲斐の身延山に陰棲してしまった。

日蓮の予言した「他国侵逼難」はその直後に起こったのである。

モンゴルの最後通牒

至元九年（文永九年・一二七二）五月、趙良弼は再び日本を訪れ、モンゴルからの最後通牒をもたらした。

もはやモンゴルの襲来は避けられぬ情勢となった。幕府は防戦対策として、西国に所領を持つ東国在住の御家人たちに西国に下向するよう命じた。さらに異国警固番役を設け、九州各地の御家人に北九州沿岸の警備を命じた。

これと前後して幕府は諸国に土地台帳の再調査を命じた。来るべき戦争にさいしての徴兵名簿を作成したのだ。ところがその結果、生活に困った御家人たちの多くが、土地を借金のカタに取られたり、売り払ったりしていたことが判明した。こうした所領を失った御家人は無足人と呼ばれていた。

この有様では戦闘要員も確保できない。そこで幕府は文永十年五月、御家人たちの借金をすべて棒引きにし、人手に渡っている土地を元の持主に返せという命令を出した。これは「文永十年の徳政令」と呼ばれている。

御家人の所領を手に入れた人々は、借金のカタとしてあるいは金銭での売買にもとづいて入手したにすぎない。それを幕府が強引にご破算にしてしまったのだ。これは明らかに幕府の強引な御家人保護政策だったが、その蔭には一夜にして資産を失った者が続出したのだ。

後世、モンゴルの二度にわたる襲来を退けたことで北条時宗は名執権と謳われるが、強権的なその政治姿勢は、近代日本の軍国主義時代に、軍部を優遇して庶民に犠牲を強いた政府上層部と変わらないところがある。もっとも、時宗個人のためにいささか弁護するとすれば、こうした決定は幕府上層部の合議制で行なわれたのだろうし、時宗の一存という

宗資国の首塚

わけではなかったのだろう。

モンゴル軍の出動

モンゴルは至元五年（文永五年・一二六八）に高麗に戦艦千艘の建造を命じ、さらに至元十一年には大船三百艘、中船三百艘、小舟三百艘の建造を命じてきた。

クビライの日本遠征の命令は三月に発せられ、ぞくぞくとモンゴルの軍団が高麗に到着した。本隊二万人、高麗軍が六千という大軍だった。これに漕ぎ手や軍夫の六千七百人が加わっている。

これを統率する都元帥（総司令官）はモンゴル人の忻都《きんと》、右副元帥は高麗人の洪茶丘《こうちゃきゅう》、左副元帥には漢人の劉復亨《りゅうふくきょう》、そして都督使として高麗人の金方慶《きんほうけい》というのが征東軍の首脳だった。

モンゴル軍、対馬・壱岐を攻略

文永十一年（一二七四）十月五日の午後四時ころ、対馬の小茂田浜の沖合にモンゴルの大船団が出現した。急を聞いた対馬の地頭宗資国は、その夜、すぐさま一族郎党をひきいて浜に駆けつけた。しかし上陸を開始した圧倒的に優勢なモンゴル軍の前に宗の軍勢は小茂田浜を朱に染めて玉砕した。

壱岐を守備していた筑前守護少弐資能の守護代平景隆は、対馬で宗資

モンゴルの軍船

国らが玉砕したとの報せを受けると、海岸の防備を固めて待ち構えた。島人たちも得物をもって馳せ参じてきた。

モンゴルの船団は十四日の午後四時ころ、壱岐の西岸、板木の浦（勝本）に上陸してきた。景隆は百余騎の部下を指揮して激戦を展開したが、翌十五日の夕方には大軍に包囲されて玉砕した。勝ち誇ったモンゴル兵は、島内をくまなく捜索し、島民の男子はことごとく殺した。そして婦女子は掌に穴をあけて縄を通し、船べりに芋づる式にぶら下げて九州本土に迫った。

博多湾岸の激戦

モンゴルの大船団が博多湾上に姿を現わしたのは十九日のことだ。そして翌二十日の早朝から上陸を開始した。ここにモンゴル軍と日本軍との間に激しい戦闘が起こったが、その激闘ぶりを肥後の住人竹崎五郎季《すえ》長《なが》が戦後に描かせた『蒙古襲来絵詞《えことば》』がよく伝えている。モンゴル襲来のさいの敵味方の武装、モンゴル軍の戦法、戦闘の模様などを知るために貴重な史料で、現在は御物（皇室の所蔵）になっている。

モンゴル軍は鼓や太鼓を乱打し、投げ槍や矢・火器で攻め立てた。戦いは圧倒的にモンゴル軍が優勢で、日本軍はついに水際でモンゴル軍を食い止めることはできず敗退した。

竹崎季長とモンゴル兵

その原因は戦法や武器の違いにあった。日本では戦闘開始に先立って「矢合わせ」といって互いに鏑矢を射て、それを合図に戦いはじめる。ところが異国のモンゴル兵にはそんな作法は通用しない。日本軍が合戦に先立って矢を射ると、モンゴル兵は一斉に笑って、鉦や太鼓を鳴らして囃し立てたという。

また、日本軍は古来の一騎討ち戦法をとったが、モンゴル軍は集団密集戦法であった。鉦や太鼓を合図に軽快に展開し、あっという間に日本軍の一騎武者を袋叩きに殺してしまう。そしてモンゴル兵たちは勇敢に戦った武者の肝をとり、争って食ったという。

加えて日本軍を苦しめたのは火器だった。『蒙古襲来絵詞』に、この火器が炸裂している場面が描かれている。上図の右方の竹崎季長の馬が驚いて跳びはねている。左方には矢を射かけているモンゴル兵の姿がある。そして双方の間に弾丸が炸裂し、そこには「てつはう（鉄砲）」と注記してある。

石清水八幡の神官が書いた『八幡愚童記』には、鉄丸に火薬を包んで烈しく飛ばし、当って破れると四方に火炎がほとばしって、煙がたちこめた。その音がとても大きいので肝を消し、目はくらみ、耳はふさがって、東西も分からなくなった、などと書かれている。

モンゴル軍の矢の先には毒が塗ってあるから、かすり傷でも毒が全身にまわり、生命を失う。しかも日本軍が鎧兜の重装備なのにたいし、モンゴル軍は軽装で進退が自由だ。

これではいくら日本軍が勇猛果敢でも勝てるわけがない。苦戦を重ねた日本軍は夕方になって太宰府の水城（福岡県太宰府市）に退却した。

水城は天智天皇が六六四年に唐・新羅の襲来に備えて太宰府防衛のために築いたもので、長さ約一キロ、高さ十四メートルの大堤防だ。ここで日本軍の将兵は疲れを休めた。

「神風」吹く

一方、モンゴル軍側は敵地での危険な野戦を避けて、全軍を海上の船に引き揚げさせた。ところがその夜、突如として博多湾上に暴風雨が荒れ狂い、船団は怒濤に木の葉のように翻弄され、岩礁に打ち砕かれたり船と船とが衝突したりして、ほとんどが海の藻屑となった。

明けて二十四日の朝、博多の浜に出た日本軍は、海上をおおっていた軍船が一艘も見当らず、モンゴル兵のおびただしい溺死体が浜辺に打ち上げられているのを見て驚いた。

朝廷ではモンゴル軍が対馬・壱岐を襲ったとの報がとどいたころから亀山上皇が中心となって、敵国降伏の祈願をつづけていた。幕府もまた

鎌倉で恩賞を請求する竹崎季長

諸寺社に命じて夷狄退散の祈願を行なわせていた。そんな最中の勝報だっただけに、これは「神風」が吹いたにちがいないと、国を挙げて上下ともに神恩に感謝したのだった。

恩賞騒ぎ

第一次蒙古襲来（文永の役）はこうして終わったが、参戦した御家人たちは一斉に幕府にたいして恩賞を要求しはじめた。加えて寺社も敵が退散したのは自分たちの加持祈禱の賜物だとして、これまた恩賞を要求してきた。

先述の竹崎季長も恩賞を当てにしていたが、一向にその沙汰がない。そこで季長ははるばる鎌倉まで陳情にゆくことにした。『蒙古襲来絵詞』の下巻にはその鎌倉行きが描かれている。

鎌倉に着いた季長は幕府の諸奉行に訴えたが、あまりにも見すぼらしい姿なので、だれも取り合ってくれない。ようやく幕府重臣の安達泰盛に面会する機会を得て、懸命に自分の戦功を言上した。その甲斐あって季長は郷里の竹崎に近い村の地頭職に任じられた。さらに馬まで贈られた。文永の役で恩賞にあずかったのは百二十人いるが、直訴までして恩賞を得たのは季長だけだった。

常立寺の蒙古塚

第二次モンゴル襲来

モンゴル国使を斬る

第一次モンゴル襲来が失敗に終わった翌建治元年（一二七五）八月、またもやモンゴルの使者が鎌倉に送られてきた。モンゴルの正使の杜世《とせい》忠《ちゅう》、副使の漢人何文著、高麗使徐賛《じょさん》・上佐《じょうさ》らだった。使者らはモンゴルの威力をちらつかせて威嚇し、あるいはクビライに逆らう愚を説いて平和的にモンゴルに従属させようとした。

しかし執権時宗は断固としてこれを拒否し、使者らを斬れと命じた。他国からの国使を斬るというのは理不尽な話だが、時宗としては内外に不退転の決意を表明したのだった。

使者らは竜ノ口で斬られた。竜ノ口には輪番で本寺の竜口寺を守る八カ寺があるが、その一つである常立寺《じょうりゅうじ》（藤沢市片瀬三丁目）に彼らの墓が蒙古塚と呼ばれて残る。

最期にあたり、杜世忠は次のような辞世を残した。

門を出て妻子寒衣を贈り
問う我が西行いく日にして帰る

博多の防塁に勢揃いする日本軍

来る時かりそめにも黄金の印を佩《はい》し
蘇秦《そしん》を見て機《き》に下らざることなかれ

また、蒙古塚のかたわらには副使何文著の辞世の詩碑が立っている。

四大元主無く
五蘊《ごうん》悉《ことごと》く皆空なり
両国の生霊苦しみ
今日秋風を斬る

どの詩にも、使者たちが死ぬ覚悟で国を出てきたらしい悲愴な気配が漂っている。

博多の防塁

杜世忠らの使者処刑の報せは四年後の弘安二年（一二七八）にクビライのもとに届いた。激怒したクビライは二年後に十二万の大軍を日本に進発させる。こうして第二次モンゴル襲来（弘安の役）が起こるのである。

これを予期していた執権時宗は、建治元年（一二七五）に北九州沿岸の防備をさらに厳重にするよう命じた。

その一環として築かせたのが博多の防塁だった。西は今津の長浜から東は箱崎まで延々二十キロに及ぶ石塁だ。工事は昼夜兼行で進められ、

元寇防塁跡

翌建治二年八月に完成した。その構造は、前面の高さ二・六メートル、内側は一・四五メートル、底部の幅三・一メートル、上部の幅は二・五メートルとなっていた。この防塁は市街化で現在はほとんど失われてしまったが、それでも市内の早良区や西区に一部、今津湾に面した生ノ松原、あるいは長浜海岸などに旧状が残されている。

一方、至元十六年（弘安二年・一二七九）モンゴルはついに南宋を滅亡させて中国全土を制覇した。これでモンゴル（元）は名実ともに中国の正統王朝となった。

モンゴル軍、再度の襲来

世界帝国の皇帝になったクビライとしては、東海の小島にすぎぬ日本が服従しないのは我慢がならない。そこで至元十八年（弘安四年）正月、日本への征東将軍として范文虎《はんぶんこ》、忻都《きんと》、洪茶丘《こうちゃきゅう》を進発させることにした。

このたびのモンゴル軍は東路軍と江南軍の二軍に分かれ、東路軍は忻都・洪茶丘がモンゴル兵と漢兵をひきい、それに高麗元帥の金方慶が加わって四万。范文虎は南宋の投降兵を組織した江南軍十万をひきいるという陣容だった。

五月三日、東路軍は高麗の合浦を出航し、二十一日に対馬を、二十二

敵船に乗り込んで奮戦の日本軍

日に壱岐を蹂躙した。ここで東路軍は江南軍を待ち、六月十五日に合流する予定だった。しかし功を焦ったのか東路軍はさらに進んで六月六日には博多湾上に進出した。

しかし、このたびは日本側も博多湾岸一帯に防塁を築いて備えていたので簡単に上陸できそうもない。そこで取りあえず志賀島《しかのしま》に上陸した。志賀島は細い海の中道で陸つづきになっている。日本軍はこの海の中道づたいに果敢に攻撃を開始した。

一方、湾内に停泊中の軍船にたいしても日本軍は小舟をあやつって壮烈な斬り込みを敢行した。『蒙古襲来絵詞』には敵船に乗り込んでモンゴル兵の首を掻き切っている竹崎季長や瀬戸内の水軍河野一族の姿が描かれている。

こうした日本軍の果敢な反撃にさすがの東路軍も手を焼いて壱岐に引き返し、江南軍の到着を待った。しかし頼みの江南軍はなかなか到着しない。その間に疫病の発生と食料難が東路軍を悩ました。

再び吹いた「神風」

六月の末になって、ようやく江南軍が到着し、平戸島で東路軍と合流した。こうしてモンゴル軍はついに巨大船団にふくれ上がった。

モンゴル襲来の報は日本全土に飛び、朝野は挙げて神仏に敵国降伏の

沈むモンゴルの軍船
（本尊霊験記）

祈願を捧げた。亀山上皇も「わが生命に代えても国難を救い給え」と祈願した。博多の箱崎神宮の楼門に掲げられている「敵国降伏」の額は上皇の宸翰《しんかん》を模したものだ。

鎌倉では執権北条時宗が小指を刺して血をしぼり、経文を血書して祈願した。時宗の禅の師である無学祖元は、

「この経文の一字一句がことごとく神兵と化して異敵を撃ち払い給え」

と祈ったという。

そうした祈願に天も動かされたのか、閏七月一日の夜半、再び暴風雨が博多湾上に荒れ狂い、モンゴルの軍船は次々と海の藻屑となった。一夜明けた博多湾上には大破したモンゴルの軍船がわずかに漂っていた。それにたいして日本軍は大挙して襲いかかり、あるいは斬り、あるいは捕虜とした。その数は二、三万人にも及んだという。

この二度にわたる暴風雨を、当時の人々は「神風」と呼び、日本人に「日本は神国である」という意識を植えつけた。それは後々まで尾を引き、近代日本の軍国主義を鼓吹する指導層に利用されるという禍根を残した。

ともあれ、またしてもクビライの野望は潰え去った。マルコ・ポーロは『東方見聞録』で、「モンゴルのクビライは日本を征服しようと大軍

を差し向けたが、大風で船が壊れ、溺死する者が多く出て、みんな逃げ帰った」と述べている。

このあと、クビライは三度目の日本征服を企てたが、至元二十年（弘安六年）ころになるとモンゴル国内に反乱が相次ぎ、日本征服どころの騒ぎではなくなってしまった。そして至元三十一年（永仁二年・一二九四）にクビライが死去し、モンゴルの日本遠征計画は自然消滅の形となったのである。

北条時宗の死

モンゴルは退けたが

第二次モンゴル襲来を退けたあとも幕府は第三次襲来に備えて北九州の警固を怠らなかった。そのために九州の御家人を五組に分け、輪番で一年ずつ警固番を勤めさせることにした。これは九州の御家人たちには新たな負担となった。

幕府は幕府で、モンゴル襲来にさいしての御家人たちの論功行賞という難問にぶつかった。必死に戦った御家人たちは当然のように恩賞を期待していた。『蒙古襲来絵詞』の竹崎季長にしても、奮戦したのは愛国心からというわけではない。ただただ手柄を立てて恩賞にあずかりたかったからだ。

武士への恩賞とは、いうまでもなく土地のことだ。武士は土地のためには命も賭ける。一所懸命という言葉はそこから出ているのだ。さらには前回同様、怨敵退散の祈禱をした寺社までが、モンゴルを退散させたのは神恩仏恩のご利益だとして恩賞を求めてくる。

国内の敵との戦いであれば、倒した相手の領地を分け与えることもできる。しかし異国相手の戦いでは、与えるべき土地は一坪も手に入らない。幕府としては分けるにも分ける土地がないのだ。こうした事情で御家人たちの不満はつのる一方で、幕府にたいする忠誠心もしだいに動揺していった。

さらに北条氏の専制にたいしても御家人たちの反発が起こった。モンゴル襲来のさいに時宗は九州探題として一門の北条実政を派遣し、西国の御家人たちを支配させた。さらに長門・周防・筑後・肥前・石見などの守護を更迭し、北条一門を新たな守護として送り込んだ。これではモンゴル襲来で漁夫の利を占めたのは北条氏だけということになる。御家人たちに不満が起こらないはずがなかった。

時宗の死

円覚寺の北条時宗廟

時宗はそうした戦後の多事多難な事態に苦慮しているうち、弘安七年（一二八四）三月に病いに伏した。人知れぬ心労があったのかもしれない。臨終に先立ち、時宗は出家して道杲《どうこう》と号し、四月四日、三十四歳で死去した。

それはまるでモンゴル襲来に対処するために生きたような生涯だったともいえる。そのとき一門近習三十五人、あるいは五十人が出家した。

公卿の藤原兼仲は日記『勘仲記《かんちゅうき》』に、

「世情が騒然としている中で、鎌倉の相模守時宗が所労のあまり危篤になっていたが、去る四日に出家、その日に亡くなった。天下の重大事として、これ以上のことがあろうか」

と記している。時宗の死は幕府ばかりでなく朝廷にとっても一大事だったのだ。

時宗の廟所、仏日庵は北鎌倉の円覚寺（山ノ内）の奥にある。この寺は横須賀線北鎌倉駅東口を出たところにあり、参道入口に「贈従一位北条時宗公御廟所」の標石が立てられている。

石段を上がって惣門をくぐると、眼前に堂々たる山門がそそり立つ。それをくぐると正面に本堂がどっしりした構えを見せている。本堂の背後には勅使門である唐門を持つ書院がある。

時宗夫人、覚山尼の墓

この寺は弘安五年に時宗がモンゴル襲来のさいの敵味方の死者を弔うために発願し、宋の名僧無学祖元を開山として創建したもので、鎌倉五山の第二位に列せられている。本堂の左側には奥に向かって選仏堂・居士林・正統院・開山堂などが並んでいる。

その奥が時宗廟の仏日庵で、時宗夫人の覚山尼・息子貞時・孫高時も併せ祀られている。

なお、時宗の夫人は夫の死後、出家して覚山志道《かくざんしどう》と称した。彼女は安達義景の娘で建長四年（一二五二）生まれ。時宗より一歳年下である。彼女は堀内殿と呼ばれたが実名は分からない。時宗と結婚したのは十歳のときであった。時宗死去の翌弘安八年に鎌倉街道をはさんで円覚寺と向かい合う東慶寺（山ノ内）を創建し、徳治元年（一三〇六）に死去すると、そこに葬られた。

この寺は明治に至るまで鎌倉の尼寺五山の一として法燈を守りつづけてきたが、現在は尼寺ではない。江戸時代以後、駆け込み寺、あるいは縁切り寺の名で知られていた。

境内奥の山腹に掘られた洞窟に覚山尼の小さな五輪塔がある。

鎌倉《かまくら》を歩く

鶴岡八幡宮の参道、段葛

鶴岡八幡宮から紅葉谷へ

鶴岡八幡宮

若宮大路　鎌倉の中心は昔も今も鶴岡八幡宮である。鎌倉駅前の広場を突っ切ると、由比ケ浜から八幡宮まで一直線にのびる広い通りに出る。これが若宮大路で、鎌倉のメインストリートにあたる。右の由比ケ浜方面に一つの鳥居があり、すぐ左手に間近く二の鳥居がそびえている。

若宮大路などというしゃれた名をつけたのは源頼朝だが、この命名にはあるいは頼朝の抜きがたい京都への憧憬、もしくは対抗意識があったのかもしれない。京の大内裏から真南に朱雀大路がのび、京の市街はこの大路を中心にして区画されていた。鎌倉の場合も鶴岡八幡宮からほぼ南へのびる若宮大路を中心に町づくりが行なわれていることからも、それがうかがえる。

段葛　二の鳥居から三の鳥居までの四百数十メートルは両側に石垣を組み、土を盛り上げた参道になっていて〝段葛《だんかづら》〟と呼ばれている。これは寿永元年（一一八二）に、折りから妊娠していた妻北条政子の安産

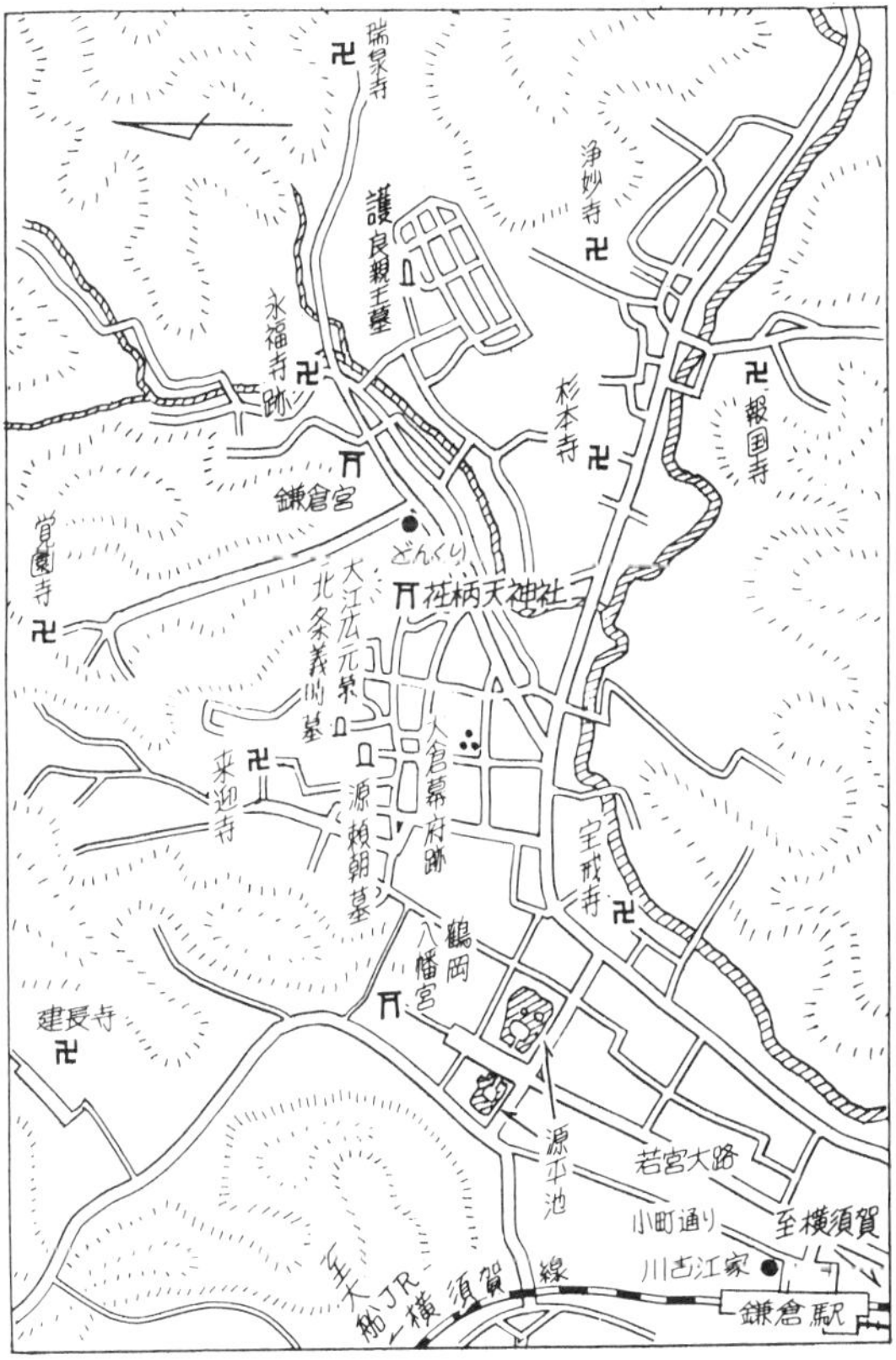

を祈願して頼朝が作ったものだといわれている。北条時政をはじめ鎌倉の御家人たちが総出で石を運んで作った参道である。そして生まれたのが頼家であった。

いま、この段葛の左右は桜が植えられ、花見の季節にはまことに見事な桜並木になる。花吹雪の舞う中を歩いて行くと、正面の大臣山《おとどやま》を背景にした鶴岡八幡宮の朱塗りの社殿がしだいに近づいてくる。そして段葛が尽きたところで三の鳥居をくぐると、いよいよ鶴岡八幡宮の境内である。

源平池　三の鳥居の向うに池があり、石の太鼓橋が架けられている。赤橋と呼ばれるのは、むかしは朱塗りの板橋だったからだ。か

鶴岡八幡宮参道の赤橋

なり反りの大きな橋で、遠くから駈けて来て一気に登らないとなかなか渡れない。いまは危険なので柵で通行止めにし、この太鼓橋の両脇にある平らな橋を渡って参詣する。

橋の下の細い水路でつながっている池が源平池で、左手（西側）が平家池、右手（東側）が源氏池と呼ばれている。平家池には平家の旗にちなんで赤蓮を、源氏池には同様に白蓮を植えたというが、これは西国の平家、東国の源氏を意識してのものだろう。

平家池には池の面に乗り出すように近代美術館（昭和二十六年竣工）が建てられている。一方、源氏池に浮かぶ小島には旗上げ弁天社が祀られている。

橋を渡って杉並木の参道を進むと、参道を左右に横切る一条の道がある。毎年九月十六日にここで流鏑馬の神事が行なわれるので〝やぶさめ道〟あるいは〝やぶさめの馬場〟と呼ばれている。

静の舞い　その先の一段高い庭に上がると中央に朱塗りの舞殿がある。源義経の愛妾静が舞ったというのがこの社殿で、下《しも》の宮あるいは若宮とも呼ばれている。

義経が兄頼朝の追及をうけて身をくらましたのち、静が捕えられて鎌倉へ連れて来られたのは文治二年（一一八六）二月のことであった。こ

鶴岡八幡宮舞殿

の年四月八日、頼朝は政子とともに八幡宮に参拝したがその折り政子が、

「かの静という白拍子は今様《いまよう》の上手と聞きます。ぜひ見てみたいもの」

と所望した。静は再三断わったが、とうとう断わりきれずに一曲舞うことを承知した。工藤祐経が鼓を打ち、畠山重忠が銅拍子を勤める。頼朝、政子夫妻をはじめ、あまたの御家人たちが見守る中で静は、

吉野山峰の白雪踏み分けて
　入りにし人のあとぞ恋しき
しづやしづしづのをだまきくり返し
　昔を今になすよしもがな

と、吉野山で別れ別れになった義経への恋慕の情をこめて歌い、かつ舞った。その美しさ、見事さに満場は水を打ったように静まり返った。ところが頼朝は、天下の罪人を臆面もなく恋うる歌をうたうとは何事か、と怒った。それをなだめたのが政子であった。

「石橋山の戦いで敗れたあなたが安房へ逃れられたとき、わたしは一人涙にくれていました。あのときのわたしの気持と、九郎殿を慕う静の気持にどれだけの違いがありましょう」

そこで頼朝も機嫌をなおし、静に衣を与えてその舞いを賞したという。

そのとき静が舞ったのがこの舞殿だというが、当時は石段上の社殿はま

鶴岡八幡宮の大銀杏

だ建てられておらず、現在の舞殿のあるところに本殿があったらしい。

三代将軍実朝の横死　舞殿の背後から六十二段の石段が本殿につづいているが、その左手に大銀杏が亭々と天を摩している。実朝を暗殺した公暁がひそんでいたというのがこの大木である。

事件は承久元年（一二一九）正月二十七日に起こった。この日、将軍実朝は右大臣拝賀の式に出るため鶴岡八幡宮へ向かった。雪の降りつもる夕刻だった。大蔵の館を出るとき、老臣の大江広元が落涙し、

「なにやら不吉な予感がします。腹巻（鎧）を召されては」

とすすめたのは、あるいはこの先起こることを知っていたからかもしれない。実朝は実朝で、そのすすめを斥け、

出《いで》ていなば主なき宿となりぬとも
　軒端《のきば》の梅よ春をわするな

と一首詠んで出かけて行った。聞きようによっては辞世ともとれる歌である。実朝もまた自分を待ち受ける運命を知っていたのではないか。

実朝の一行が八幡宮の楼門を入ったとき、実朝を捧持していた北条義時が急に気分が悪くなったといって自邸に帰ってしまった。

凶事は実朝が式典を終え、退出するときに起こった。大銀杏の蔭にかくれていた男が、突然実朝に襲いかかったのだ。警備の武士たちがあわ

てて駈けつけたときはすでに遅く、男は実朝の首を高々とかかげ、
「頼家の一子阿闍梨《あじゃり》公暁、父の仇を討ち取った」
と叫んで逃げ去った。この公暁は北条氏に伊豆修善寺で殺された二代将軍頼家の子である。父亡きあと、出家して鶴岡八幡宮の別当になっていたのだが、頼家の弟実朝が将軍職につくと、この叔父こそ父の仇と思い込み、このたびの凶行に及んだのだった。

公暁は北条氏と並び立つ重臣三浦義村の館に使いを送って庇護を求めた。ところが義村はそれを北条義時に連絡し、公暁が義村の館に入ろうとしたところで斬り殺してしまった。

こうして源氏は三代にして滅び去った。実朝の墓は寿福寺にある。

この事件の背後には北条氏の暗い影が動いている。あるいは義時の仕組んだ仕業なのかもしれない。式典に先だって行列から抜け出したのも何やらキナ臭いし、それに事件後、いち早く朝廷に使者を派遣して源氏の遠縁にあたる左大臣九条道家の子三寅を実朝の後継者に迎えた手際のよさも怪しい。三寅は四代将軍頼経になるのだが、わずか二歳の幼児である。執権として将軍後見役の座についた義時の権勢は一挙に高まった。こうしたことを考え合わせれば、公暁をそそのかして実朝を殺させたのは義時その人ではなかったかという想像もあながち的外れとはいえない

鶴岡八幡宮社殿

ようだ。

鶴岡八幡宮由来　実朝の血で紅に染まった石段を上がると上《かみ》の宮、つまり本宮である。朱塗りのまことに華やかな社殿だ。

康平六年（一〇六三）に前九年の役で安倍一族を討って凱旋してきた源頼義は、鎌倉の由比郡鶴岡（現在の元八幡の地）に山城国の石清水八幡宮を勧請して祀った。それからおよそ百二十年後の治承四年（一一八〇）五代後の源頼朝が大臣山の麓に移して鶴岡若宮と称し、源氏の氏神とした。いまの舞殿の地である。ところが、建久二年（一一九一）三月に火災で焼失したのを機に、背後の山腹に新たな社殿を造りはじめ、十一月十二日に完成、鶴岡八幡宮と称した。応神天皇、神功皇后、比売《ひめ》神を祭神としている。

以来、源家三代から北条氏をはじめ、後世の武将から武神として信仰されてきた。戦国時代の永禄四年（一五六一）には越後の長尾景虎（謙信）がこの社前で上杉氏の名跡を正式にゆずり受け、関東管領の就任式を行なっている。

江戸時代に入っても、徳川氏は清和源氏の末流新田氏の子孫と称した建前から鶴岡八幡宮の保護に力を入れ、たびたび改修している。現在の社殿は文政年間（一八一八〜二九）の再建だが、建久二年に頼朝が建て

【清和源氏・鎌倉将軍略系図】（数字は歴代将軍）

清和天皇―貞純親王―（源）経基……（三代略）……義家―義親―為義―

- 義朝
  - 頼朝（1）
    - 頼家（2）―公暁
    - 実朝（3）＝頼経（4）―頼嗣（5）＝宗尊（6）―惟康（7）＝久明（8）―守邦（9）
  - 義経
- 義賢―（木曽）義仲
- 為朝
- （新宮）行家

たころの伝統をほぼ忠実に受けついでいるようだ。

豊臣秀吉の参拝　石段を下りて舞殿のところから左に折れると白旗神社がある。もとは頼朝の持仏堂で法華堂といった。頼朝を祭神とし、頼朝の木像を安置していたが、現在それは東京国立博物館の所蔵になっている。

天正十八年（一五九〇）小田原北条氏を平定した豊臣秀吉は七月十七日に鶴岡八幡宮に参拝した。その折り白旗神社にも詣で、社宝の頼朝像をつくづくと見て、

「貴下も私もともに天下人である。しかし貴下は由緒正しい家柄に生まれ、私は卑賤の家に生まれたにもかかわらず天下を取った。それを思えば貴下よりも私のほうが優れているとはいえまいか。ともあれ、私たちは天下の友人だ」

と語りかけたという。いかにも大言壮語癖のある秀吉らしい話だ。

鎌倉幕府跡

大蔵幕府跡　白旗神社の前を抜けて東へ進むと横浜国大付属小・中学校があり、さらに行くと清泉女学院の横へ出る。この通りは春になると桜並木が美しい。

大蔵幕府跡

この清泉女学院のある一帯が大蔵の幕府跡、つまり源頼朝の鎌倉幕府跡である。幕府はのちに北条執権の時代になって宇都宮辻子に、さらには若宮大路に移されたので、頼朝時代のものは大蔵幕府跡と呼ばれている。

伊豆蛭ケ小島で旗上げした頼朝が石橋山で敗れて安房へ逃れたのち、再起して堂々と鎌倉に入ったのは治承四年（一一八〇）十月七日のことであった。そしてこの年十二月には早くも大蔵の館を築いて東国経営の本拠とした。東国の武士たちはその頼朝を「推して鎌倉の主」としたと『吾妻鏡』にある。この時点では頼朝はまだ官名も前右衛門佐にすぎないが、やがて平家を滅して、建久三年（一一九二）征夷大将軍に任ぜられるに及んで、最初の武士政権である鎌倉幕府を開くのである。

幕府の三方には門が設けられて、それぞれ東御門《みかど》、西御門、南御門と呼ばれたが、このうち西御門だけが町名としていまも残っている。

源頼朝の墓　清泉女学院の北側の山を大倉山というが、その中腹に「英雄墓は苔むして」と小学校唱歌にうたわれる頼朝の墓がある。二メートル足らずの五輪塔だが、明治維新に至る約六百八十年の武家政治の基礎を築いた英傑の墓というにはあまりにも寂しいたたずまいである。

頼朝の死は建久十年一月十三日、突然やってきた。相模川の橋供養に

源頼朝の墓

出かけた帰り道、稲村ケ崎で落馬し、それが原因で死んだという。しかし奇妙なことに鎌倉幕府の公式記録である『吾妻鏡』には将軍の死というこの大事件の部分がすっぽりと欠落している。このあたりに、なにかもやもやしたものが感じられる。

『保暦間記』によると頼朝の死は怨霊のたたりだという。橋供養の帰り、かつて頼朝が滅した身内の弟義経や叔父新宮行家らの亡霊が現われ、すさまじい形相で頼朝を睨みつけた。頼朝がそれにかまわずなおも馬を進め稲村ケ崎にさしかかると、今度は海上に幼くして壇ノ浦に沈んだ安徳天皇の亡霊が現われ、

「汝をかねてから狙っていたのだが、ようやく見つけたぞ。われこそは西海に沈んだ安徳天皇である」

といって掻き消えた。その直後から頼朝は病いにかかり、ついに死んだという。

また『真俗雑談』には、頼朝にとってはなはだ不名誉な死因が記されている。ある夜、安達盛長が頼朝の館を警固していると、闇の中に白いものが動いた。よく見ると被衣《かつぎ》をかぶった男で、いましも女房（侍女）の部屋に忍びこもうとしている。そこで盛長は、

「おのれ曲者！」

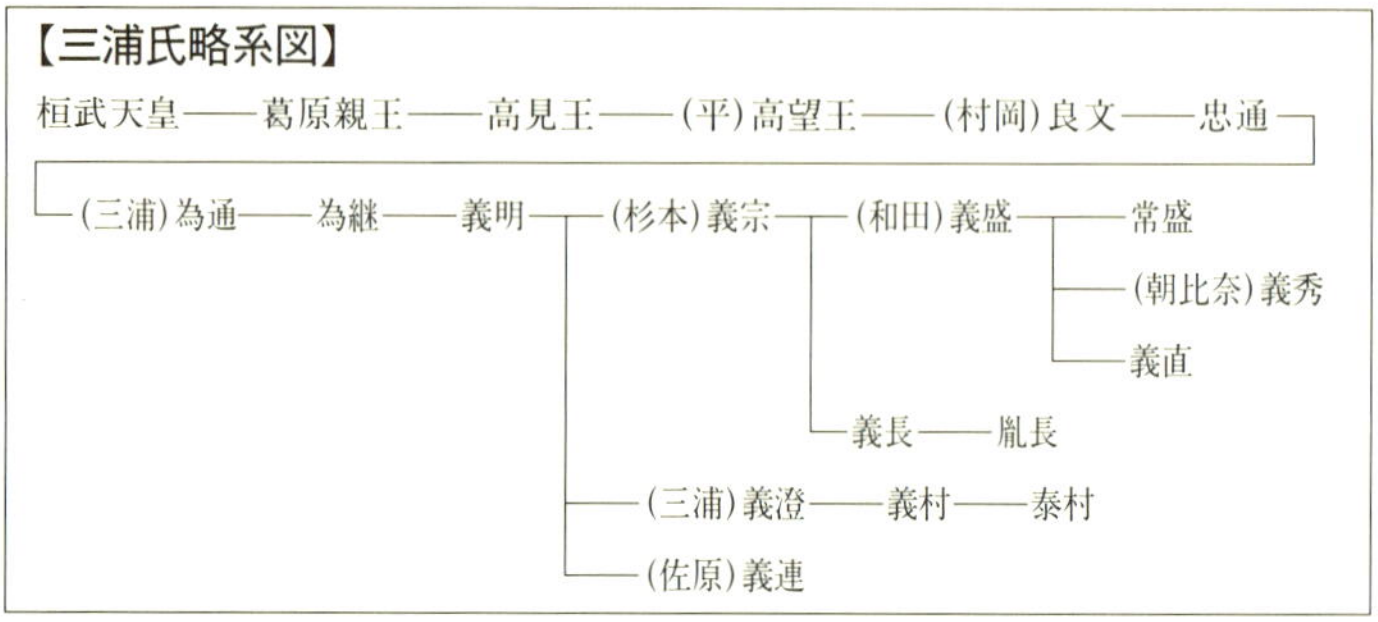

と叫んで斬り倒した。ところが被衣をはいでみると、その男は頼朝だった。妻政子の目をかすめて女房のもとへ忍ぶところ、この災難にあったのだった。仰天する盛長に、さすが恥を知る頼朝は「自分の死は急病ということにせよ」と言い残して息をひきとったという。いずれにせよ、頼朝の死の真因はいまだに謎につつまれたままである。

法華堂跡　頼朝の墓所の石段の下に小祠があるが、ここは先に述べた八幡宮の白旗神社の旧地である。もとは頼朝の持仏堂があった。

鎌倉幕府創業以来の重鎮であった三浦氏が一族もろとも悲憤の最期をとげたのはこの地である。衣笠城（横須賀市衣笠）を本拠とする三浦氏は三浦半島を勢力下に置く大豪族だった。頼朝の挙兵にもいち早く馳せ参じ、以来、北条氏とは車の両輪のようになって幕政に参加していた。

ところが源氏が三代にして滅び、北条氏が執権として幕政を切りまわすようになると、両者の関係はしだいに円滑さを欠くようになってきた。

宝治元年（一二四七）四月、かねてから三浦泰村と仲の悪かった安達景盛は、三浦氏が横暴であると北条時頼に訴えた。時を同じくして鶴岡に、「横暴な三浦泰村を誅すべし」と記した立札が何者かによって立てられるということがあった。事実、三浦一族が武備をととのえ、謀叛を企んでいるといった噂も流れた。そのため近国の御家人たちが鎌倉に群

三浦一族滅亡の法華堂跡

がり、北条の館を護衛するという騒ぎになった。

六月五日、泰村は時頼にたいし、自分にはいささかも異心などはないと陳弁し、時頼もこれを了解した。ところがこれを聞いた安達景盛は、このまま三浦一族をのさばらしておいては幕府内に禍根を残すと考え、一族郎党をひきいて突如として三浦館を襲撃した。

これにたいし三浦一族も必死に防戦した。そこへ三浦氏と親しいものたちも応援にかけつけ、騒ぎが大きくなった。そこで時頼はもはや放ってはおけずと、北条勢を安達の応援に繰り出した。そのため三浦一族は法華堂に追いつめられ、五百余人がもろともに自刃して滅びるのである。これを世に宝治合戦という。

しかしこの三浦氏滅亡の一件は、先の実朝暗殺と同様に、安達の背後で北条時頼があやつっていた公算が大だ。だいたい三浦氏を挑発した安達景盛は時頼の外祖父なのだ。泰村が時頼と和解してほっとした直後に安達が攻撃をしかけたというのも、時頼と景盛の間に気脈が通じていたからではないのか。初めから時頼には政敵の三浦氏を叩きつぶす下心があり、機会をうかがっていたのかもしれない。ともあれ三浦一族の墓は、頼朝の墓の東方の山裾にある。小さなやぐらの中に小さな石塔が並んでいるのも哀れだ。

荏柄天神

大江広元の墓　三浦一族の墓のところから長い石段が丘の上につづいている。それを登ると鎌倉幕府の公文所別当（長官）として隠然たる勢力を持っていた大江広元の墓がある。初めは朝廷の少外記《しょうげき》という微官であったが、幕府創設とともに頼朝に招かれ能吏としての才腕を発揮した。鎌倉幕府の地方行政の二本柱ともいうべき守護・地頭の設置を献策したのも広元である。

幕府草創期の重臣たちはほとんどが政争のなかで没落してゆくのだが、文官である広元はそれに巻き込まれず、新たな実力者北条氏ともうまく手を結んで嘉禄元年（一二二五）七十七歳の天寿を全うした。戦国時代、山陽山陰に威をふるった毛利氏はこの広元の四男季光の子孫である。

来迎寺　かつて西御門のあたりには報恩寺、高松寺、尼寺の太平寺などの寺院が甍をつらねていたが、現在残るのは来迎寺だけである。頼朝の墓から少し西へ戻り、横浜国大の敷地ぞいに北へ行った右手にある。ちょうど頼朝の墓の裏手にあたる。長い石段の上にある寺の建物それ自体はさしたることはないが、本尊の如意輪観世音は県の重要文化財にも指定されている見事なものだ。

これは頼朝の法華堂にあったのを明治初年に移したものというが、豊満な体軀で右膝を立て妖しい微笑をたたえた姿は官能的でさえある。ほ

荏柄天神の絵馬

かに地蔵菩薩像も安置されていて、これも県の重文に指定されている。

荏柄天神　来迎寺からまた横浜国大まで戻る。ここはかつての幕府の重臣三浦一族の屋敷跡だ。

源頼朝の墓の前の小路を東へ行くと鎌倉宮へのバス通りにぶつかるが、その手前、左手にあるのが菅原道真を祀る荏柄天神である。藤原一族に失脚させられ九州の太宰府で死んだ道真は怨霊となって京の人々にたたりをなしたというが、この天神社所蔵の道真像はその話にふさわしく眼をつりあげた忿怒の像である。長治元年（一一〇四）に勧請されたといわれ、九州の太宰府天神、京都の北野天神と並んで日本三天神の一つにかぞえられている。

鎌倉幕府が大蔵に設けられると、この天神はちょうど東北にあたるため、鬼門鎮守の神として崇められるようになった。現在の社殿は徳川二代将軍秀忠の再建と伝えられる。

天神さまといえば学問の神さまとして知られているが、この神社が年間を通じていちばん賑わうのは受験期の正月から二月だろう。ちょうど咲き匂う梅の見ごろにあたるが、社殿の壁は一面、合格祈願の絵馬で埋め尽される。志望校と自分の名前を書いて壁に吊すのだが、なかには五～六校を連記して「どこでもいいからお願い」などとあって微笑ましい。

鎌倉宮

鎌倉宮

悲劇の皇子・護良親王　荏柄天神の東側バス通りを左に折れると、突き当りが鎌倉宮である。大塔《だいとう》宮護良親王を祀る。

元弘三年（一三三一）後醍醐天皇は鎌倉幕府に奪われている政権を取り返そうと討幕の兵を挙げた。そして苦難の末に鎌倉幕府を倒し、いわゆる建武中興を実現する。このとき出家して天台座主となり大塔宮と称された後醍醐天皇の第三皇子護良親王も笠置、吉野山の合戦などで奮戦し、大いに力を尽した。そして建武中興が成ると征夷大将軍に任ぜられている。

しかし朝廷中心主義の建武中興はすぐに武士階級が不満を抱き、源氏の流れを汲む足利尊氏に心を寄せはじめた。護良親王は足利氏が第二の北条氏になるのを怖れて、ひそかに尊氏を倒そうとした。ところが尊氏は逆に天皇の寵妃藤原廉子を通じて、親王が皇位を狙っていると訴え、親王逮捕の許しを得た。その結果、親王は捕えられ、鎌倉に護送されて幽閉される身となった。

護良親王の土牢　鎌倉宮の社殿の背後に土牢があるが、それが護良親王幽閉の地だという。

護良親王の土牢

親王がそこに押しこめられた明くる年の建武二年（一三三五）七月、北条高時の遺児時行が信濃で蜂起し、各地で足利軍を破り鎌倉に迫った。いわゆる中先代《なかせんだい》の乱である。鎌倉は大混乱に陥ったが、このとき尊氏の弟直義は、このどさくさにまぎれて護良親王を始末しようと考えた。そして家臣の淵辺伊賀守に親王の暗殺を命じたのである。

土牢に押し入った淵辺は親王を押し倒して首を掻き切ろうとした。しかし豪気な親王はその刀の切先を口にくわえて噛み折った。そこで淵辺は小刀で胸を刺し、首を切り落とした。しかし親王の首は噛み折った刀を口にくわえたまま、凄じい形相で淵辺を睨みつけている。そこで淵辺は、

「このような首は主《あるじ》に見せられぬ」

といって、かたわらの藪の中に投げ捨ててしまった。親王の身のまわりの世話をしていた侍女の南の方がその首を抱きあげると、首はたちまち安らかな顔に変わったという。

護良親王の墓所　親王の首は理智光寺の住職によって手厚く葬られた。現在この寺は廃寺になり鎌倉宮東方の理智光谷にたたずむ碑がその跡を示すばかりである。

護良親王の墓は理智光寺跡の碑からほど近い山の頂きにある。百二十

土牢に幽閉の護良親王

余段の急斜面の石段が通じている。あたりの森は深く、登れば登るほど暗くなってゆく。これほど森厳な地は鎌倉にもあまりない。ぜひ訪ねてみたいところだ。

鎌倉の秋の風物詩・薪能　護良親王の土牢があったところにはかって東光寺という寺があった。明治六年にここへ詣でた明治天皇はこの悲運な皇子を哀れみ、社殿を建てた。それが鎌倉宮である。

この境内で九月二十二日、二十三日に行なわれる薪能《たきぎのう》は、鎌倉の秋の風物詩として知られている。人工の明かりは用いず、あかあかと萌える篝火の中で行なわれる能舞は、さながら夢幻の世界のようである。これを見学するには鎌倉市観光協会（鎌倉市小町一—一〇—五）に往復ハガキで申し込まなければならないが、毎年希望者が多いため抽選で人数が制限される。そのため、地元の鎌倉在住の人でも見そびれている人が多い。

覚園寺　鎌倉宮の前を左へ薬師堂ケ谷を分け入ると、ほどなく覚園寺に突き当る。拝観者をきびしく制限するなど、観光ずれしていない寺である。建保二年（一二一八）二代執権北条義時が建立した薬師堂がこの寺の前身だが、それにはこんな縁起がある。

同年七月十三日、将軍実朝が鶴岡八幡宮に参拝したときお供した義時

覚園寺本堂

は、帰ってからふしぎな夢を見た。薬師十二神将のうちの戌神《いぬがみ》が現われ、

「今年の参拝は無事にすんだが、来年は凶事が起こるからお供してはならない」

と告げて消えた。これを薬師如来のお導きと感謝した義時は、早速この地に新しい寺院を建てはじめた。このとき一族の者が、

「将軍の八幡宮参拝で京都から下って来た公卿たちの接待に武士たちは疲れきっているし、百姓たちもたびたび使役にかりたてられて負担に喘いでいます。ここはご中止になっては……」

と諫めた。すると義時は「それでは百姓たちに迷惑はかけまい」といって、私財を投じて同年十二月に大蔵薬師堂を完成、名匠運慶の作になる薬師如来像を安置した。

翌承久元年正月二十七日、将軍実朝の八幡宮参拝に義時はこのときのお告げに従って、お供を辞退して自邸に帰った。果せるかな、その夜、公暁が実朝を襲うという事件が起こったことは、先に述べた通りである。義時の替わりを勤めた源仲章《なかあきら》も斬られた。そこで人々は、これこそ薬師如来の加護であろうと言い合ったという。

その後、この薬師堂は北条氏歴代の尊崇を受け永仁四年（一二九六）には九代執権貞時が新たに伽藍を建立した。それが現在の覚園寺である。

覚園寺地蔵堂

いまも本堂になっている薬師堂は元禄年間（一六八八～一七〇四）の再建だが、天上の棟札に足利尊氏が文和三年（一三五四）にこの堂を修復したときの謹書の文字が残っている。後醍醐天皇の側につき北条氏を滅した尊氏ではあるが、覚園寺にたいする信仰は受けついだようだ。本尊の薬師如来、脇仏の日光菩薩、月光菩薩はいずれも重要文化財になっている。そして左右に六体ずつの十二神将像が安置されている。

黒地蔵　薬師堂の右側にある地蔵堂の本尊は俗に黒地蔵、あるいは火焚《た》き地蔵と呼ばれている。この地蔵尊は地獄の釜で火にあぶられて苦しむ死人たちを哀れみ、少しでもその苦しみを軽くしようと火焚きの役を獄卒と替わった。そのため煤《すす》を身体にあびて黒くなってしまった。後世の人が何度色を塗ってもすぐに黒くなってしまう。そこでこの異名が生まれたという伝説がある。

百八やぐら　少し道草をする。覚園寺の手前から右に折れ、覚園寺の裏山をまわって半僧坊を過ぎ、北鎌倉の建長寺へ抜けるハイキングコースがある。その途中の右側に百八やぐらと呼ばれる横穴群があるが、人はあまり気づかないようだ。

ところでこうした横穴を〝やぐら〟というのは鎌倉特有の呼び方だが、これは鎌倉時代を通じて設けられた納骨所である。覚園寺の裏山にかぎ

十王岩

らず、鎌倉では各所に見られる。しかしこの百八やぐらほど多くのものが密集しているのはほかに例がない。壁面に五輪塔や宝篋印塔、梵字、仏像などが刻まれているのが不気味な雰囲気をかもし出している。いずれも名のある鎌倉武士たちの墓だったのだろうが、いまは葬られた人々の名を知るよしもない。

夜な夜な喚く十王岩　百八やぐらからさらに半僧坊のほうへ進むと展望台に出る。鶴岡八幡宮の裏山の向こうに鎌倉の市街地が、左方には三浦半島の山々が、右方には遠く富士も望むことのできる景勝の地だ。その近くに何やら刻まれた自然石の巨岩がある。ほとんど風化しているが、よく見ると奇怪な形相の像が判じられる。閻魔十王を浮彫りにしてあるといわれ、十王岩と呼ばれている。むかし、この十王が夜な夜な泣き喚き、里人を恐れさせたといういい伝えがあり、そのためまたの名を喚き十王ともいう。

瑞泉寺

永福寺跡　覚園寺から鎌倉宮へ戻り、境内の東側の道を北に行くと瑞泉寺がある。その途中、左手に永福寺《ようふくじ》跡の碑が立っている。この寺は文治五年（一一八九）に奥州藤原氏を滅した頼朝が、藤原氏の建立した中

永福寺跡

尊寺の二階大堂大長寿院の向こうを張って建てたものだ。やはり二階建ての大堂であったが、いまは廃寺になって二階堂という地名を残しているにすぎない。頼朝はもう一つ、瑞泉寺寄りに永安寺という大寺を建立しているがそれもいまは永福寺同様、まぼろしの寺になりおわせている。

花の寺　鎌倉には花で知られる寺が多い。紫陽花《あじさい》の明月院、海棠《かいどう》の光則寺、つつじの安養院、萩の宝戒寺など、かぞえあげればまだまだ切りがない。そんな中で、一年を通じて最初に聞えてくる鎌倉の花だよりはここ瑞泉寺の梅である。次いで水仙、桔梗、萩など、シーズンには花よりも人の波で境内が埋まりそうな賑わいだ。この寺のある谷は紅葉ケ谷と呼ばれ、秋の紅葉は見事である。山号を綿屏山というのもそれにちなむものだろう。

　この寺は嘉暦二年（一三二七）に鎌倉幕府の御家人であった二階堂道《どう》蘊《うん》が名僧夢窓疎石のために瑞泉院という小庵を建立したのが起こりである。

　疎石は建治元年（一二七五）伊勢に生まれ、東大寺で受戒、中国からの渡来僧一山一寧を慕って、鎌倉の東勝寺、建長寺、浄智寺、円覚寺などに入っている。鎌倉幕府執権の北条高時とも親しかったが、幕府を倒した後醍醐天皇の帰依も深く、国師号を授けられている。さらにはその

瑞泉寺

後醍醐天皇を吉野に追いやった足利尊氏の帰依も受けるなど、たえず時の権力者と結びついているあたり、なかなかの政僧である。
しかしその一方、疎石は造庭家としても一流で、京の天竜寺、西芳寺などの名庭を残している。本堂裏手の心字池の庭も疎石の作といわれ、鎌倉でも屈指の名庭である。その庭から背後の山に登ると頂上に疎石の建てた偏界一覧亭跡があり、鎌倉の山々のかなたに富士山まで望める。いまは小堂がその跡に建てられている。以前は苔むした小径をたどって裏山を一周できたのだが、現在は一般の立入りは禁じられている。
初代関東管領の足利基氏（足利尊氏の次男）も夢窓疎石に深く帰依し、死後は瑞泉寺に葬られることを望んだ。その遺言通り、基氏の墓が五輪塔として残っている。この足利基氏は瑞泉寺中興の開基とされている。

吉田松陰と瑞泉寺　境内入口の小さな門のかたわらに「松陰先生留跡碑」と刻んだ石碑が立っているが、これは吉田松陰が四度もこの寺を訪れたことを記念して昭和四年に立てられたものだ。徳富蘇峰の書である。幕末、瑞泉寺の住職をしていた竹院上人が松陰の伯父にあたっていた関係で、松陰はこの寺を訪ねているのだ。
安政元年（一八五四）二月二十八日、松陰は外国事情を知りたいという熱望のあまり、国禁を犯して下田沖に碇泊中のアメリカ船に乗り込み

吉田松陰留魂碑

密航を企だてた。それが失敗して萩（山口県）の野山獄に投ぜられたが、獄中で瑞泉寺をしのんで、一編の詩をつくっている。

「遙かに瑞泉寺の上人を憶ふ」

山光竹色窗《まど》に入りて青く
方丈幽深綿屛に倚《よ》る
今我れ囚に為《な》りて空しく昔を憶ひ
月中一夜雲扃を叩く
長程始めて返還し獄に投ぜられ
咫尺家山攀《よ》ず可《べ》からず
半夜幽魂雲月を伴ひ
天台峰下老禅の関

やがて野山獄を出された松陰は松下村塾を開いて幾多の維新の志士を育てる。しかし安政の大獄でまたも罪を問われ、安政六年（一八五九）十月二十七日、江戸小塚原で処刑された。

先の吉田松陰留跡碑を瑞泉寺では「吉田松陰留魂碑」といっているが、これは松陰の魂が死後もなおこの寺に留まっているということなのであろう。

雪の下から朝比奈峠へ

大御堂ケ谷

文覚上人邸跡　鎌倉宮まで戻り、正面の道をまっすぐ行くと金沢街道に突き当る。この三叉路を通称、岐《わか》れ道といっている。

そこから左へ金沢方面に三十メートルばかり行って、右手の大御堂橋を渡ったところに文覚上人邸跡の碑が立っている。この文覚の前身は遠藤盛遠という武士だったが、源渡《わたる》の妻袈裟御前に横恋慕して強引に迫った。困り果てた袈裟は、夫を殺してくれたら意に従うと約束した。手筈どおり忍び込んで渡の首を取ったのち、月明かりでよく見ればそれは恋しい袈裟の首であった。無情を感じた盛遠は出家し、熊野の那智の滝に打たれるなどの修行を積み、ひとかどの僧となった。

しかし生来の気性の粗さから後白河法皇の御前で乱暴を働いたため、伊豆に流された。そのとき蛭ケ小島に流されていた源頼朝に対面し、頼朝の父義朝の頭蓋骨と称するものを取り出し、

「これこそ、そなたの父の首よ。平治の乱ののち獄舎の前の苔の下に埋

文覚上人邸跡

釈迦堂切通し

れて後生を弔う人もなかったが、この文覚がもらいうけ、首にかけて山々寺々を修行してまわり、この二十年間弔い奉った。父がこのような目に遭い、いまそなたがここに流されているのも平清盛のためである。すみやかに兵を挙げて平家を討つべきだ」

と挙兵をすすめた。これによって頼朝は強く心を動かされ、挙兵を決意したということである。やがて頼朝が挙兵に成功して鎌倉に入ると、文覚もこの地を与えられ、屋敷を構えたという。しかし文覚はのちに罪を得て隠岐に流されている。

勝長寿院旧跡　文覚上人屋敷跡から南に切れ込む谷は大御堂ケ谷というが、むかし、この地に勝長寿院という大寺があり、南御堂あるいは大御堂とも称したことにちなむものだ。頼朝は平治の乱で平清盛に滅された父義朝の霊を慰めるためにこの寺を建立した。文治元年（一一八五）四月十一日、この御堂の柱立て式の日、奇しくも去る三月二十四日に平家が壇ノ浦で滅び去ったことを知らせる飛脚が到着した。このとき頼朝は鶴岡八幡宮のほうに向かって座ったまま、しばらくは黙然としていたという。おそらくは万感胸に迫るものがあったのだろう。

しかしこの大寺も、その後のたびたびの火災によって、ついに廃寺となっている。

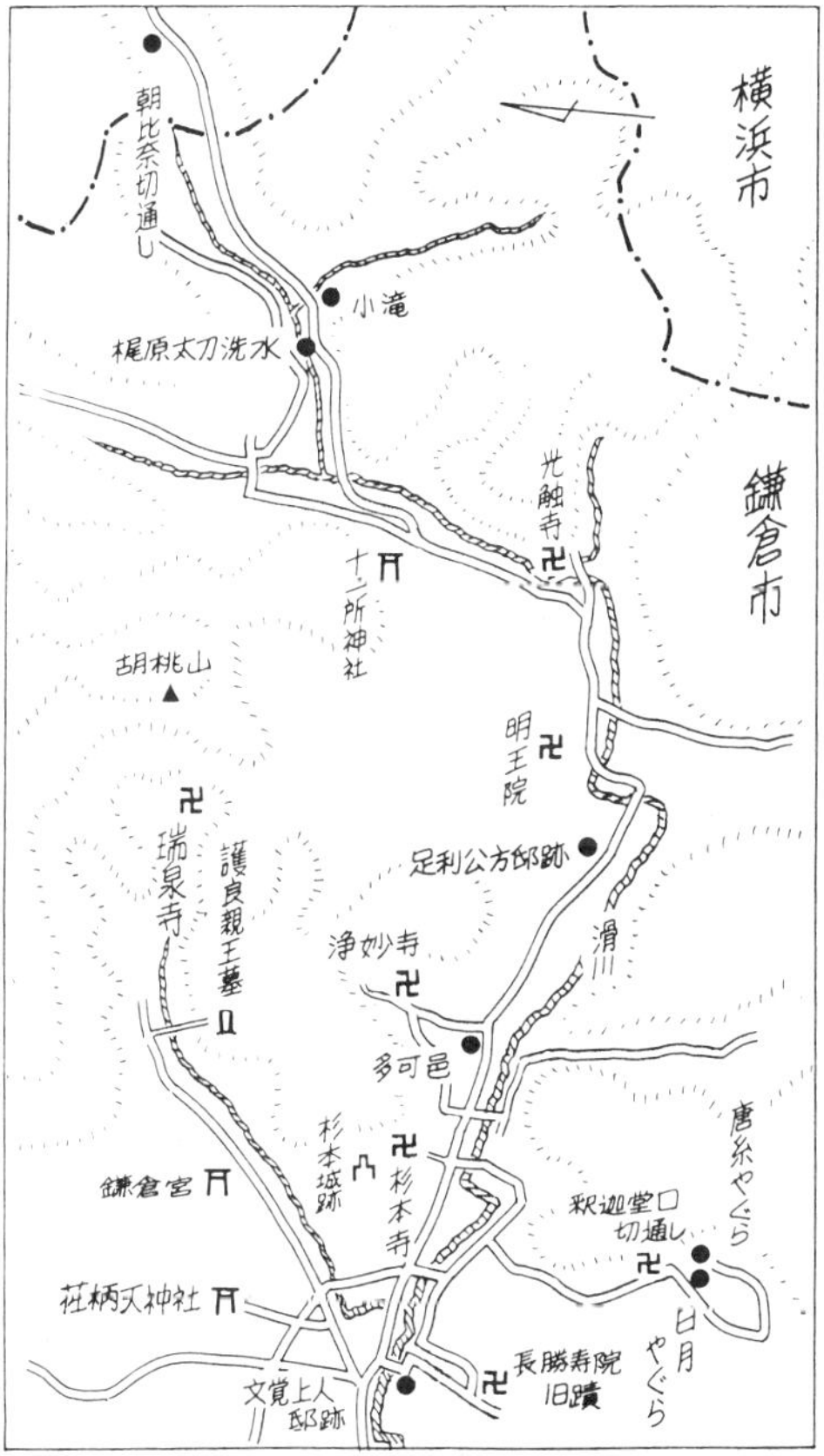

釈迦堂ケ谷

釈迦堂切通し　大御堂橋から滑川《なめりがわ》ぞいに四百メートルほど上流に進むと、右手に切れ込む釈迦堂ケ谷に分け入る道がある。その道をたどると、岩をくり抜いた釈迦堂切通しがあり、名越方面に抜けられる。粗い岩肌のトンネルの内部にやぐらがあり、五輪塔が祀られている。いかにも鎌倉らしい雰囲気の漂う場所である。

元仁元年（一二二四）北条泰時がこのあたりに父義時の菩提を弔うために釈迦堂を建立したというが、すでに廃寺になってその跡も定かではない。

唐糸やぐら　切通し

唐糸やぐら

を抜けた左手の崖に、俗に唐糸やぐらと呼ばれる洞窟がある。唐糸というのは木曽義仲の家臣手塚太郎光盛の娘で、身許をかくして頼朝に仕え、鎌倉の動静を探っていた。頼朝が義仲を討つ謀議をこらしているのを知ると、唐糸はひそかに頼朝を刺そうと機会をうかがっていた。しかしそれが露見して、土牢に幽閉の身となった。それがこの唐糸やぐらだという。

これにはなお後日談がある。木曽にいた唐糸の娘万寿姫は、母が捕えられたと知ると、その身を案じて鎌倉を訪れ、幕府に奉公して土牢の母親と再会した。翌年正月、頼朝は鶴岡八幡宮に舞いを奉納するため十二人の舞姫を選んだが、その中に万寿姫も選ばれた。万寿姫の容姿の美しさと舞いの見事さに感心した頼朝は、なんなりと望みの褒美をとらせようという。そこで初めて万寿姫は身分を明かし、

「金銀宝物は望みませぬ。ただ、この私を母の身代りとして牢に入れ、母をお許しください」

と訴えた。その孝心に感じた頼朝は唐糸を牢から出してやった。そこで母娘は嬉し涙にくれながら木曽へ帰って行ったという。

衣張山　唐糸やぐらの背後にそびえるのが標高百二十メートル余の衣《きぬ》張《ばり》山である。夏の暑い日、頼朝はこの山全体に白絹を張って雪に見たて、

それを大蔵の館から望んで暑気をしのいだという。しかし、のちに足利義満が京都金閣寺の裏山、衣笠山にやはり白絹を掛けて涼を得たという話がある。いずれも伝説だろう。

杉本寺

鎌倉最古の寺　滑川のほとりまで戻って、なおも上流へ流れに沿って行くと金沢街道に出る。道をへだてた向かいが杉本寺である。急な石段を登る途中に古めかしい仁王門があり、そのさらに上に本堂がある。鎌倉石の石段が磨りへっているのは、それだけむかしから詣でる人が多かったということだろう。

この寺は天平六年（七二四）僧行基の創建というから、鎌倉では最古の寺である。坂東三十三カ所観音札所の第一番になっている。本堂内陣に三体の十一面観世音菩薩像が安置されているが、それぞれ行基、慈覚大師、恵心僧都の作と伝えられている。その本堂内でひときわ目立つのは、柱といわず天井といわず一面に貼りつけられた千社祭りの札である。屋号や名前を記した札を貼っておくと参籠しているのと同じ功徳があるという。

杉本寺参道

行基が創建した当時は大蔵観音堂と呼ばれていたが、のち文治五年

杉本寺本堂

（一一八九）十一月の火災のとき、本堂は焼けたが本尊はひとりでに杉の木の下に移って難をまぬがれた。そこで杉本観音、あるいは杉本寺と呼ばれるようになったという。

杉本城跡　杉本寺の背後の山は、かつて三浦半島一門に勢力を張っていた三浦氏の支城があったところだ。三浦氏は桓武平氏の流れを汲む名族で衣笠《きぬがさ》城（横須賀市）を本拠としている。三代三浦義明の長男義宗が鎌倉の杉本城に住んで杉本太郎義宗と呼ばれた。

建武中興の夢破れて足利尊氏が後醍醐天皇に叛いたとき、奥州にあった北畠顕家は天皇の召しに応じて西上の途についた。そして建武四年（一三三七）十二月二十三日、鎌倉に乱入した北畠軍は杉本城にこもって必死に防戦する足利方の斯波《しば》家長を打ち破り自刃させた。いま、本堂の右手に無数の五輪塔が立ち並んでいるが、これはその折り討死した人々を供養するために立てられたものといわれている。

竹の寺・報国寺　杉本寺の先に犬懸《いぬがけ》橋がある。このあたりにかつて上杉四家の一、犬懸上杉氏の館があった。

犬懸橋から金沢街道を東進すると、華《はな》の橋という優雅な名前の橋がある。それを渡った奥に最近竹林で有名になった報国寺がある。竹林の中の細い道を歩くと、竹の葉の間から日光が無数の箭《や》のようにこぼれてきらめくのが美しい。

この寺は足利尊氏の祖父家時が、元中元年（一三二四）天岸慧広《てんがんえこう》を開山としたと伝えられている。寺号は家時の報国寺殿義恩という法号にちなんだものだ。

かつては鎌倉の名仏師宅間《たくま》法眼作という釈迦、文珠、普賢、迦葉、阿難などの仏像を本尊として安置していたので宅間寺などとも呼ばれた。また特に迦葉尊者像が見事だったので迦葉寺とも称された。しかし明治二十三年の火災でこれらの尊像は焼失し、さらに堂宇も関東大震災で倒壊してしまった。したがって建物にはほとんど見るべきものはない。わずかに残った天岸慧広の詩集『東帰集』や仏像、画像などが鎌倉国宝館に出品されている。

なお、竹林の奥に足利家時と、永享の乱（一四三九）にこの寺で自刃した足利義久の墓がある。

報国寺の竹林

浄妙寺

鎌倉五山第五位の寺　華の橋から金沢方面に少し歩くと左手に浄妙寺に入る道があり、突き当りに山門が見える。
文治四年（一一八八）足利義兼が退耕行勇《たいこうぎょうゆう》を開山として極楽寺を創

浄妙寺

建したのがこの寺の起こりで、初め真言密教だったが、のち禅宗に改めた。この義兼は足利尊氏の六代前の祖にあたる。その縁によって尊氏は元弘元年（一三三一）父貞氏をここに葬った。そして法号の浄妙寺殿貞山道灌にちなんで浄妙寺と改められた。貞氏の墓という宝篋印塔が本堂背後の墓地にある。しかし明徳三年（一三九二）の銘があって年代が合わないから、あるいは貞氏とは関係のないものかもしれない。

鎌倉公方館跡　浄妙寺からなおも東へ行き、青砥橋を過ぎると次が虹の橋である。このあたりは御所の内といい、かつて鎌倉公方の館があったところだ。正平四年（一三四九）足利尊氏は次男基氏を鎌倉に派遣して関八州および甲斐、伊豆の支配権を与えた。鎌倉幕府滅亡後、鎌倉は主を失って衰微していたのだが、ここに新たな主を得て繁栄を取り戻すかに見えた。しかし応永二十三年（一四一六）の上杉禅秀の乱や、四代公方足利持氏と将軍義教とが争った永享の乱（一四三九）の戦火で御所は炎上した。敗れた持氏は永安寺で自刃し、鎌倉公方府は滅亡してしまった。こうして鎌倉はまたもや荒廃をたどることになるのである。

明王院

鎌倉公方館跡の先で泉水橋を渡ると鎌倉の東の外れ、十二所《そう》に入る。

明王院

その先で左に分け入る道をとると滑川に架かる二つ橋の向こうに小さな黒門があり、その奥に藁ぶきの明王院が見える。大きな寺院の多い鎌倉では珍しくささやかな堂だ。

この寺は五大堂の一つとして嘉禎元年（一二三五）に創建された。開基は四代将軍頼経である。承久元年（一二一九）正月に三代将軍実朝が暗殺されて源氏の正系が絶えると、幕府執権の北条義時は京都からわずか二歳の九条頼経を迎えて将軍職につけた。もちろん北条氏のあやつり人形である。この頼経が長じて十八歳のとき、不動、隆三世《こうさんぜ》、軍荼利《ぐんだり》、大威徳《だいいとく》、金剛夜叉を祀る五大堂を建立した。

しかし頼経の在職が三十年におよぶと、傀儡将軍にあきたらなくなった頼経は、やはり北条氏の専横に不満を抱く一部の御家人たちと結んであなどりがたい勢力を持つようになった。そこで、時の執権北条経時は寛基二年（一二四四）わずか六歳の頼経の子頼嗣に将軍職をゆずらせた。それを不満とした頼経は寛文四年に時頼が執権職につくと、これを暗殺しようと策謀をめぐらした。しかしこの企ては発覚し、頼経は京に追放された。

その後、江戸時代初期の寛永年間（一六二四～四三）失火によって五大堂は不動明王像一体を持ち出しただけで焼亡した。それを本尊とする

塩なめ地蔵

のが現在の明王院である。

光触寺

頬焼阿弥陀　明王院より少し東寄りの十二所バス停から右へ分かれる道を入って行くと、光触寺の小さな山門に突き当る。藤沢の遊行寺の末寺で初め真言宗であったが、弘安二年（一二七九）に時宗に改宗している。現在の本堂は元禄十六年（一七〇三）の再建である。

本尊の阿弥陀如来像は鎌倉時代の名匠運慶の作と伝えられるが、俗に頬焼阿弥陀《ほほやき》と呼ばれる。町局《まちのつぼね》という女性が運慶にこれを作らせ、自邸内に堂を建てて祀っていたが、町局に仕えていた万蔵法師という僧も深くこの阿弥陀如来像を信仰して日夜念仏を怠らなかった。

あるとき、この万蔵が盗みの疑いをかけられ、罰として頬に焼印を押されるということがあった。ところがその翌日になると万蔵の焼印が消え、代わりに阿弥陀如来像の頬に焼印がくっきりと押されていた。信心深い万蔵を憐れと思った如来像が身代りになったのである。以来、この如来像は何度塗り直しても頬の火傷の跡が消えず、現在に至っているという。

塩なめ地蔵　本堂前の右手に小さな祠があり、石の地蔵が祀られている。これは以前は金沢街道に面して安置されてあったのだが、六浦《むつうら》（横須賀市）からの塩売りが通るたびに一握りの塩を供え商売繁昌を祈った。ところが帰るときには必ずその塩がなくなっている。そこでお地蔵さまがなめたのだろうということで、塩なめ地蔵と呼ばれるようになったという伝説がある。おそらくは近所の人がありがたく頂戴したのだろう。

朝比奈切通し

十二所神社

十二所神社　光触寺から街道に戻り、さらに金沢方面に進むと、左手に畑をへだててこんもりした森が見える。十二所神社である。十二所という地名は、むかし、ここに十二軒の家があったことから起こったというが、この神社はその鎮守だったのだろう。いつのころの勧請かは判然としないが、もとは熊野権現社として光触寺の境内にあったと伝えられる。秋になると境内が銀杏の落葉に埋め尽される。

梶原太刀洗い水　バスの通る金沢街道は十二所神社の前から大きなカーブを描きながら鎌倉霊園のある峠へとのびている。しかしこれは新道で旧金沢街道はバス停のところから右へ折れる細い道である。その道を入ってすぐ左側の岩の上に石仏が数体見える。

滑川の上流に架かる泉橋を渡ると、左右の林がにわかに厚みを増して

朝比奈切通し

くる。しばらくは人家がその林の中に点在するが、すぐにそれも切れ、道は崖にはさまれた谷間に入ってゆく。頭上には樹木がおおいかぶさり、昼なお暗いといった風情である。鎌倉の自然がもっともよく残されている道の一つである。

やがて朝比奈切通しにさしかかるが、その手前に、鎌倉五名水の一つにかぞえられている梶原太刀洗い水がある。道の左側の細流をへだてて、崖をくり抜いた中に小祠があり、そこから清水がこぼれ落ちている。気をつけていないと、つい見落してしまう。

鎌倉幕府が創られたころ、この付近に上総介《かずさのすけ》千葉広常の館があったと伝えられる。広常は房総半島の大豪族で、源頼朝が挙兵に失敗して房総に逃れると、二万の大軍をひきいて参陣した。それによって関東の諸豪族がぞくぞくと頼朝の麾下に馳せ参じ、鎌倉入りを果すのである。いわば頼朝政権樹立の大功労者だ。頼朝が一目も二目も置く実力者だった。

寿永二年（一一八三）の暮れ、梶原景時がこの広常の館を訪れた。そして広常と双六《すごろく》をしながら談笑しているうち、不意に景時が抜刀して広常の首を打ち落とした。「広常に叛意あり」という景時の讒言を信じた頼朝が、景時に命じて殺させたのだといわれている。このとき景時が血刀を洗ったところから、太刀洗い水と呼ばれるようになったという。

鎌倉七切通し

極楽寺坂切通し
大仏坂切通し
化粧坂切通し
亀ケ谷坂切通し
巨福呂坂切通し
朝比奈切通し
名越切通し

朝比奈三郎の伝説　太刀洗い水の少し先で道は二つに分かれ、左の道を通れば朝比奈切通しである。その分岐するところに意外に水量の豊富な滝があり、三郎の滝と呼ばれている。三郎というのは和田義盛の三男朝比奈三郎義秀のことで、豪力無双を謳われた。この朝比奈三郎が一夜でこの峠道を切り開いたという伝説のあるところから、朝比奈切通しの名が起こった。

しかし実際にこの切通しを造ったのは執権北条泰時で、仁治二年（一二四一）のことである。当時、江戸湾（東京湾）にのぞむ六浦港から鎌倉に物資を運ぶには、舟で三浦半島を一周しなければならなかった。そこで泰時はここに道を開くことにし、四月五日から工事にかかり突貫作業で完成させた。御家人を動員し、みずからも土石を運ぶほどの熱の入れ方だったという。

以来、この朝比奈切通しは鎌倉七切通しの一つとして重要な役割を果してきたのである。現在、車は上の新道を通り、この旧道は入れない。だからこそこの美しい自然が破壊されずに残されているのだろう。

小町から名越切通しへ

宝戒寺

北条氏館跡　岐れ道から金沢街道を左に行けば朝比奈峠だが、今度は逆に右の小町のほうへ行ってみることにしよう。

鎌倉十橋の一である筋替橋（現在は碑のみをとどめる）からまっすぐ行けば鶴岡八幡宮のやぶさめ道を抜けて境内に入るが、左に折れると小町大路である。それを進むと、八幡宮の三の鳥居前からの道が右から突き当る三叉路になる。その突き当りが宝戒寺である。

入口に「北条九代屋敷」と刻まれた大きな石碑が萩の茂みにつつまれて立っている。この寺は萩の寺として有名だ。

この碑に示されるように、ここは実質的に鎌倉幕府を支配していた執権北条氏の館跡である。北条氏は伊豆韮山のあたりに起こった土豪で、先祖は平氏だと称しているが、実際のところは明らかではない。平治の乱で敗れた源頼朝が蛭ケ小島に流されたとき、北条時政がその監視役を命じられたのが北条氏の幸運を呼びこんだ。時政の娘政子が頼朝と通じ、

宝戒寺本堂

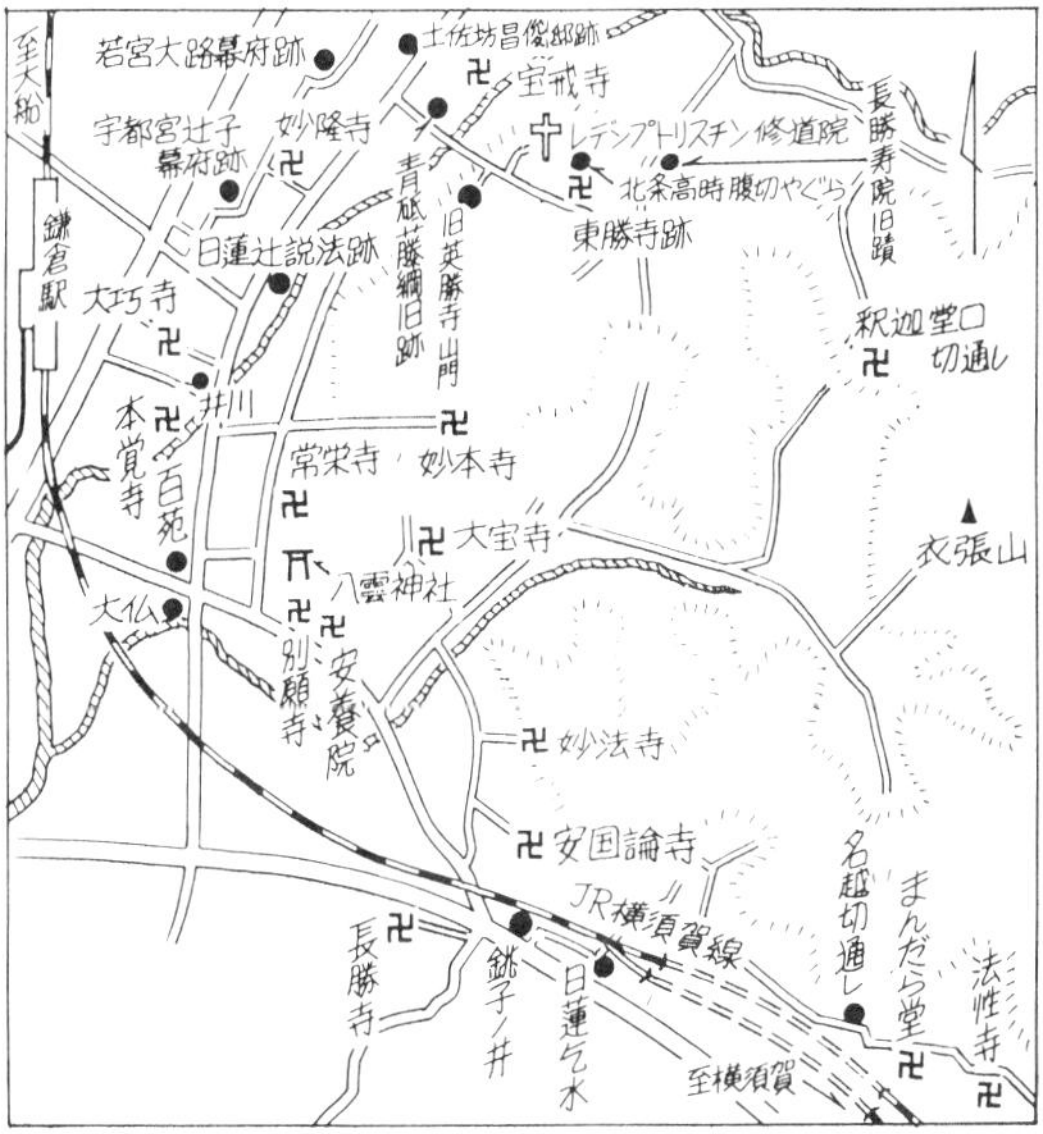

その縁によって時政は頼朝挙兵に加担したのである。挙兵の功労者であり、また征夷大将軍頼朝の岳父である時政が幕府内で第一人者の座を占めたのは当然のことであった。三代将軍実朝のときには初代幕府執権となっている。

それ以後、北条氏はまっしぐらに権勢の座にかけ登るが、元弘三年（一三三三）後醍醐天皇の勅命を受けた新田義貞の鎌倉攻めで滅び去る。そのとき、この北条氏の館も焼け落ちた。

宝戒寺は後醍醐天皇が北条一族の怨霊を鎮《しず》めるため足利尊氏に命じて建武二年（一三三五）館跡に建立させた寺である。本尊は地蔵菩薩。

土佐坊昌俊邸跡　宝戒寺門前から小町大路を南に下ると、すぐ右手に土佐坊昌俊邸跡の碑が立っている。文治元年（一一八六）頼朝は京都で謀反の動きを見せはじめた弟義経を暗殺するための軍勢を送ろうとした。しかし義経の強さを知る御家人たちはみんな辞退する。このとき昌俊は進んで京に赴くことを申し出た。門出にあたって、

滑川の流れ

「老母と赤児が下野の国におります。万一の場合は何卒あわれみをおかけくださいますよう」

と頼朝に言上した。もはや帰らぬと悲壮な覚悟だったのだろう。果してその通りになった。京の堀河館に義経を襲った昌俊は失敗し捕えられた。義経は命を助けるから鎌倉へ帰れといったが、昌俊は、自分は鎌倉殿に命を捧げた者だから、命など惜しまぬといって、いさぎよく斬られた。その剛毅な最期は人々に賞嘆されたという。

青砥藤綱の故事　さらに南に下って左に細い道を入ると滑川に架かる東勝寺橋があり、たもとに青砥藤綱旧跡の碑が立つ。藤綱は北条時宗、貞時の二代に仕えて引付衆を勤めていたが、ある夜銭十文を滑川に落としてしまった。そのとき藤綱は五十文の松明《たいまつ》を買って水中をさぐり、ようやく拾い上げた。人々は無駄なことをするものだと笑ったが、藤綱は平然と、

「十文を失えば天下の財を失ったことになる。五十文は自分にとっては損だが、人の役に立つ」

と答えたということである。それがこのあたりでのことだと伝えられる。なお、これより上流の青砥橋の近くに藤綱の屋敷跡がある。

東勝寺跡の腹切りやぐら　東勝寺橋を渡ってゆるい坂道を登って行く

東勝寺跡の腹切りやぐら

と住宅が切れ、谷間の行き止りにぶつかる。かつてここに北条氏累代の墓所東勝寺があった。新田義貞が鎌倉に乱入したとき北条方は必死に防戦したが、各所で敗れ去った。ついには執権屋敷にまで火が放たれた。いまはこれまでと覚悟を定めた北条高時は、屋敷を捨てて東勝寺に向かった。そこから見渡すと鎌倉の町は「猛炎昌《さかえ》に燃え上り、黒煙天をかすめたり」(太平記)という有様で、まるで火の海だった。

高時の側近、長崎次郎高重は身に二十三筋の矢を受けて馳せ戻り、みずから腸をえぐり出して死出の旅の先達をつとめた。遅れじと一門が次々と腹を切り、高時もついに腹を切った。それを見た郎党どもも腹掻き切って炎の中にとびこむ者あり、父子兄弟刺しちがえる者ありで、総勢八百七十余人がその場で自刃した。血は河のようになって地にあふれ、屍は累々と山をなすという凄惨な有様となった。ここに鎌倉幕府は滅びた。時に元弘三年(一三三三)五月二十二日のことであった。

東勝寺跡の碑の奥に洞穴があり、腹切りやぐらと呼ばれている。中に石を積み重ねた塔が幾基か立ち並んでいる。ここで滅び去った北条一門の霊を供養したものでもあろうか。

宇都宮辻子幕府跡のあたり

二つの鎌倉幕府跡

若宮大路幕府跡　東勝寺跡から小町大路に戻り、右斜向かいの細い露地を入って行くと、民家の塀ぎわに若宮大路幕府跡の碑が立っている。頼朝の開いた幕府は大蔵にあったことは先にもいった通りだが、その後、二度場所が移っている。若宮大路幕府跡は三回目のもので、建長四年（一二五二）の将軍宗尊親王から元弘三年の将軍守邦親王まで四代八十二年間、幕府が置かれたところである。

宇都宮辻子幕府跡　そこからさらに露地を南にたどると、二回目の幕府跡である宇都宮稲荷の小祠がある。嘉禎元年（一二三五）将軍藤原頼経が大蔵の幕府をここへ移した。その子頼嗣と二代七年間の幕府跡である。

日蓮辻説法跡

日蓮上人について　宇都宮稲荷の南側の突き当りを左に折れると、また小町大路に出る。その向かい側に大国主命を祀る蛭子神社がある。もと本覚寺にあった夷堂が明治になってここへ移されたものだ。そこから大路を北へ戻ると、右手に石柱に囲まれて樹木の茂る一画がある。ここが日蓮聖人辻説法の旧跡とされている。

日蓮の松葉ケ谷草庵跡

日蓮は貞応元年（一二二二）安房国（千葉県）東条郷小湊で生まれた。幼名善日麿。十二歳で安房の清澄山に入って修行、十六歳のとき受戒して蓮長と名を改めた。それよりのち、比叡山、高野山、四天王寺などの道場で修行。建長五年（一二五三）清澄山に帰って、旭の森から太平洋に向かい「南無妙法蓮華経」の題目をとなえた。かくて法華宗が誕生した。日蓮と称したのはこのときからと伝えられる。

鎌倉に出て来た日蓮は名越の松葉ケ谷に草庵を建て、そこを本拠として日ごと街頭に立って辻説法を行ない法華宗の布教につとめた。文応元年（一二六〇）には『立正安国論』を書いて前執権北条時頼に呈上したが、それは他宗を邪宗として猛烈に批判したもので「すみやかにこの邪宗を禁じないと天変地異が相次ぎ、異国からの襲来を受け、ついには国を滅すだろう」と説いている。

しかしその舌鋒の鋭さは他宗の反感を招き、たびたび迫害を受けた。そして松葉ケ谷の草庵を焼かれ、弘長元年（一二六一）には伊豆に配流の身となったが、三年後に許されて鎌倉へ帰った。

文永五年（一二六八）蒙古の使者が国交を求める高圧的な国書をもたらし、国中が蜂の巣をつついたような騒ぎとなった。日蓮は自分の予言が当ったことを説き、またもや猛烈な他宗攻撃を開始する。そのため捕

妙隆寺

えられて今度は佐渡へ流されたが、やはり三年後に許されて鎌倉へ帰った。

執権北条時宗は日蓮に妥協を求めたが、日蓮はそれに応ぜず、身延山に去っている。

なべかむり上人の妙隆寺　日蓮が名越に住んでいたせいか、小町から名越にかけては法華宗の寺が多い。辻説法跡から北へ行った左側の妙隆寺もその一つ。日英上人が開山で、二世は一代の傑僧といわれた日親であった。本堂の右に行《ぎょう》の池という小さな池があるが、日親はここで百日間、水を浴びて修行したという。また指の生爪をはいで針を通し、その血で墨をすって曼荼羅を書くという、すさまじい荒行をした。宗祖日蓮におとらぬ激しい気性の僧だった。

のち、足利将軍義教に『立正治国論』を呈して政道を正そうとしたのも日蓮と似ている。しかし捕えられて焼けた鍋を頭からかぶせられるという残酷な刑を受けた。それでも屈せず、なお諸国をめぐって布教をつづけたという。

おんめさまの大巧寺　妙隆寺から小町大路を南へ戻って、蛭子神社を通り過ぎると、すぐ右手奥深くに大巧《だいぎょう》寺がある。初め十二所にあって正覚院大行《だいぎょう》寺と称した。あるとき頼朝がこの寺で軍《いくさ》評定をし、それが

本覚寺

成功したので大巧寺と改められたという。
天文五年（一五三二）五世日棟上人が滑川の橋で、難産で死んだ女の幽霊に出会った。ねんごろに回向してその霊を慰めたところ、数日してまたその幽霊が現われて礼を申しのべ、生前たくわえていた金の包みを差し出し、難産で苦しむ人々を救ってほしいといった。そこで上人は境内に産女《うぶめ》霊神を祀る塔を建立した。以来、この寺はおんめさまと呼ばれ、安産の神として人々の信仰をあつめるようになったという。

本覚寺

夷堂橋　大巧寺からなお南に下ると、小町と大町の境に架かる夷堂橋がある。むかし、ここに夷堂があったことからこの名があり、鎌倉十橋の一つにかぞえられている。

日朝さま　夷堂橋の前にある本覚寺は地もとの人々から「日朝さま」と呼ばれて親しまれている寺だ。大町方面から鎌倉駅に行くとき、境内を通り抜けると近道なので、ひんぱんに人が通る。

佐渡へ流された日蓮は三年後の文永十一年（一二七四）に許されて鎌倉に帰り、夷堂に二カ月ほど滞在し、身延山に去った。そのあと日蓮の弟子一乗院日出が開山となって本覚寺と称したのである。

妙本寺本堂

夷堂橋に面した仁王門をくぐると正面が本堂で、右手前に鐘楼がある。この鐘はもと房総の木更津八幡宮にあったものだが、日出上人が同八幡宮の別当と宗論を戦わせて勝った記念にゆずり受けたものだ。相手はまさか持って帰れないだろうと思っていたところ、日出上人の従士で怪力の石渡新左衛門という者がかつぎ上げ、鎌倉まで運んだという伝説がある。

本覚寺がもっとも栄えたのは二世日朝上人のときである。日朝は日蓮が伊豆の三島で修行しているときに弟子入りし、本覚寺二代目住職となった。のちに身延山の法主になったとき、本覚寺に日蓮の分骨を納め、東身延と称した。境内に名刀工の五郎入道正宗の墓と伝えられる宝篋印塔がある。

妙本寺

比企一族の最期　夷堂橋を渡って左の道をとると突き当りが妙本寺である。このあたりは比企ケ谷と呼ばれ、頼朝の乳母比企局の一族の館があったところだ。比企局の子比企能員《よしかず》は娘若狭局を二代将軍頼家の夫人として入れ、局が一幡《いちまん》という長子までもうけたので羽振りがよかった。

ところが建仁三年（一二〇三）頼家が重病にかかると、北条時政は頼

比企一族の墓

家を隠退させ、関東二十八カ国の支配を頼家の弟実朝にゆずらせることにした。

これを知った能員は、本来なら孫一幡が一手に握るはずの将軍職の権威を二分するものだと憤慨し頼家に報告したところ、これは頼家も初めて聞く話だった。怒った二人は北条氏を討滅する密議をこらした。

政子の通報でこの企てを知った時政は、九月二日、薬師如来供養の名目で能員を自邸に招いて謀殺し、時を移さず大軍をもって比企館を囲んだ。比企方は必死の防戦もむなしく一族枕を並べて全滅した。未来の将軍たる六歳の一幡も炎の中で死んだ。その身にまとっていた小袖の焼け残りを葬った袖塚と、比企一族の墓が境内に残っている。

比企一族生き残りが開基　比企一族滅亡の折りようやく逃れた能員の子があった。この子はやがて成人して学者となり比企三郎能本《よしもと》と名乗る。妹若狭局と頼家との間に生まれた姪の竹御所が将軍頼経の夫人になったことで許され、鎌倉に帰って日蓮の弟子となった。そして非業の死をとげた一族の霊を弔うため、文永元年（一二六〇）館跡に建立したのが妙本寺である。開山は日蓮の弟子日朗上人であった。駅前の繁華街の近くでありながら、老杉の生い茂る境内は森閑として幽邃境をかたちづくっている。

ぼたもち寺、常栄寺

ぼたもち寺の常栄寺

日蓮辻説法跡の付近にはやはり法華宗の寺が多く群らがっている。

妙本寺から夷堂橋へ戻る手前で左側の細道をとると常栄寺の前に出る。もと妙本寺の末寺だが、通称「ぼたもち寺」と呼ばれている。

文永八年（一二七一）九月、日蓮は幕府に捕えられ、竜ノ口で斬られることになって鎌倉市中を引き回された。そのとき桟敷《さじき》尼という信者が最後の供養にと、ぼたもちをつくって日蓮に差し上げた。ぼたもち寺の名はこの話に由来する。

竜ノ口に引き出された日蓮はあわや首を斬られようとしたが、そのとき突如として嵐になり、刑吏の刀が折れた。このため役人たちは恐れおののき、幕府にこのことを報せた。そこで幕府は日蓮を斬ることを断念し、佐渡へ流したのである。世にこれを「竜ノ口の法難」といっている。

日蓮にぼたもちを捧げた桟敷尼はそれから三年後の文永十一年（一二七四）八十八歳で亡くなった。法名を常栄といい、寺号はそれにちなんでいる。墓が本堂の横にある。

しかし、この寺の起こりは江戸時代の寛文十二年（一六七二）で、鎌倉の寺としては比較的新しい。水野淡路守重良の娘日祐尼が桟敷尼の信心に感じ、この地に一宇を建立したのである。現在も竜ノ口の法難のあ

別願寺

った九月十二日には、この寺から妙本寺や竜口寺など日蓮ゆかりの寺にぼたもちを供える慣わしがつづいている。

八雲神社　常栄寺の前を南に下ると名越の大通りに出るが、その手前、左側に大町の鎮守、八雲神社がある。寛治元年（一〇八七）の冬、八幡太郎義家は陸奥の地に反乱を起こした清原一族を相手に苦戦していた。いわゆる後三年の役である。都で左兵衛尉の地位にあった弟の新羅三郎義光は兄の救援のため官を辞して陸奥に赴いた。その折り鎌倉を通った義光が京都祇園社を勧請したものという由緒がある。境内も狭く社殿も小さいが、いかにも古社の趣きがある。

安養院

別願寺　名越の大通りへ出て左へしばらく歩くと、左手に別願寺がある。うっかりすると見過ごしてしまいそうな小さな堂である。しかしこれでもかつては鎌倉公方の足利基氏、氏満、満兼三代の菩提寺として格式を誇った寺だった。境内に、鳥居を刻んだ珍しい宝塔が立っているが、これは満兼の子持氏の墓と伝えられる。

四代将軍義持が死んだとき、子供がなかったので　くじ引きの結果、弟の義教が将軍となった。候補者の一人だった持氏がこれに不満を抱き、

安養院

ことごとに義教に楯つく。そして永享十年（一四三八）持氏が将軍と親しい管領上杉憲実を攻めたことに端を発し、永享の乱が起こる。幕府軍に囲まれた持氏は翌十一年二月十日、鎌倉永安寺で自刃し、鎌倉公方は四代で滅び去った。なお持氏の墓は瑞泉寺にもある。

北条政子の寺　別願寺の東隣りにあるのが坂東三十三札所の第三番、祇園山長楽寺安養院だ。ツツジの寺として名高い。この寺は北条政子が夫頼朝追善のため、願行房憲静を開山として嘉禄六年（一二二五）に建立したもので、初めは笹目ケ谷にあった。それが新田義貞の鎌倉改めて灰燼に帰したのを、現在地に移した。安養院というのは政子の法号である。

江戸時代の延宝八年（一六八〇）に火災にあって再建したとき比企ケ谷にあった田代観音堂を境内に移し、その本尊だった千手観音を安養院の本尊としている。

寺には政子の木像が蔵されているが、粗末な老尼の姿で見栄えがしない。そこで最近は本堂に新しく作られた彩色の政子像を安置し、こちらを公開している。政子は頼朝亡きあと尼将軍として権勢をふるったが、わが子頼家と実朝がそれぞれ修善寺と鶴岡八幡宮社頭で非業の死をとげるという悲運を見とどけたのち、この寺を建てた年の七月に死んでいる。

行年六十九であった。

本堂の背後に大小二つの宝篋塔があるが、左側の小さいほうが政子の墓と伝えられる。右側の大きいものは尊観上人の墓といい、徳治三年(一三〇九)の銘がある。鎌倉最古の塔として国の重要文化財に指定されている。

大宝寺

松葉ケ谷

大宝寺　安養院から逗子方面に少し行くと名越四つ角に出る。それを左にとると名越の谷に入ってゆく。その途中、左側の佐竹山の山裾に大宝寺がある。ここはかつて新羅三郎義光が館を構えた旧地で、義光の守護神である多福明神を館の中に祀っていた。のちに義光の子孫である佐竹常陸介《ひたちのすけ》秀義が頼朝に降り、ここに館を構えた。そこで俗にこのあたりを佐竹屋敷といっている。
応永六年(一三九九)佐竹右馬頭義盛が出家し館のそばに一寺を建立、多福寺と称した。その後文安元年(一四四四)法華宗の日出上人の教化によって大宝寺と改められている。
妙法寺　大宝寺から左へ行くと名越の谷から釈迦堂切通しを経て浄明寺方面に抜けられる。逆に名越の大通りのほうへ戻って、途中、左への

妙法寺

細道を行くと、鎌倉の苔寺として知られる妙法寺の前に出る。

開山は日叡上人である。日叡は護良親王の子で功名を楞厳《りようごん》丸といった。のち出家して日叡と名乗り妙法房と称した。非業の最期をとげた父の菩提を弔うため延文二年（一三五七）にここに一寺を建立し、楞厳山妙法寺と名づけたのである。

現在の本堂は江戸時代の文政年間（一八一八～二九）に肥後熊本藩主細川家の寄進したものと伝えられる。本堂の裏山にかけて苔むした石段が山腹にのびて見事だが、拝観者はその横の新しい石段を登らなければならない。心ない人々に苔を踏み荒らされないための配慮だろう。

山腹の法華堂は日蓮の松葉ケ谷の草庵跡だというが、さらにその上に護良親王の墓という宝篋印塔がたたずむ。しかし本来の墓はすでに述べたように理智光寺跡にある。

安国論寺　日蓮の松葉ケ谷草庵の跡というのが妙法寺のすぐ南隣りの安国論寺にも御小庵として残っている。この次に訪れる長勝寺もまた松葉ケ谷の草庵跡と称している。いずれにしろ、このあたりのどこかにあったのだろう。

山門を入って右手に御法窟と呼ばれる洞穴があり、日蓮はここで『日正安国論』を書いたという伝えがある。寺号の安国論寺はそれにちなんだものだ。日蓮はその『立正安国論』を宿屋光則を通じて執権北条時頼に呈上したのだが容れられず、かえって幕府役人や日蓮を排斥する人々に襲われる結果を招いた。いわゆる松葉ケ谷の法難だ。このとき日蓮はいずこからともなく現われた白猿にみちびかれ洞穴の奥深く難を避けた。それが境内にある南面窟だという。

名越坂切通し

長勝寺

長勝寺　安国論寺の前の道を逗子方面に向かい横須賀線の踏切を渡ると右側に長勝寺がある。日蓮に帰依した石井長勝という人物が自邸内に寺を建て、姓と名にちなんで石井山長勝寺と号した。先にいったように、この寺も日蓮の松葉ケ谷法難の旧地といわれている。山門をくぐると、百メートルほどもつづく長い石畳の正面に、比較的新しい帝釈堂があり、左手の高みには、本堂の法華堂が見事な屋根の反りを見せている。

その法華堂の脇から延々とつづく石段があり、それを登りつめると霊園に出る。山頂の少し下に不敵な面構えの巨大な日蓮像が鎌倉の市街を見おろして立っている。頂上からの眺望はすばらしく鎌倉の町並みはもちろん、材木座、由比ケ浜の海岸、稲村ケ崎、さらには遠く富士山までも望むことができる。

名越坂切通しの旧道

名越坂切通し　長勝寺の先で名越の大通りはトンネルになり逗子市と通じている。ふつう、このトンネルを名越坂切通しといっているが、実は別にあまり人に知られない旧道がある。

　踏切のところから線路づたいにトンネルのほうへ進み、小さな踏切を渡ってから右へ登って行く。右側の線路が次第に下に沈んでゆき、やがてトンネルの中に消えてゆく。なおも林の中の道を行くと、突然、右手に火葬場の煙突がそそり立つ。その手前で道は二つに分かれるが、右の道をとれば名越坂切通しである。岩壁を文字通り切って通した道で、ひと一人がようやく通れるほどの幅しかない。頭上におおいかぶさるように突き出す岩が二カ所あり、大空洞、小空洞と呼ばれている。

　鎌倉は東・北・西の三方が山で囲まれ、南は海に面している。そこで鎌倉時代、三方の山に七つの切通しを設けて交通の便をはかった。いざという場合は、この七カ所を厳重に鎖《とざ》して鎌倉を防衛できるわけである。このうち名越坂切通しは鎌倉から三浦半島西海岸へ出る要路であった。

アジサイのまんだら堂　もう一度分かれ道のところまで戻り、今度は左側の道をとり、磨りへった石段を尾根に登ると、まんだら堂に出る。あたり一面、大小無数の五輪塔が林立し、岩肌にはいくつかのやぐらが黒い口を不気味に開けている。相模湾から富士山まで望める景勝の地に

法性寺山門の猿

似つかわしくない光景である。

　この無数の墓がどんな人々を祀ったものかは明らかではない。新田義貞の鎌倉攻めのさいに討死した北条方の死者を祀ったところともいうが、これとても確かではない。その謎はともかくとして、このあたり一帯にはおびただしいアジサイが群生し北鎌倉の明月院に劣らぬ名所となり、梅雨の候には訪れる人が多い。


猿畠山法性寺　まんだら堂から尾根の道を下りにかかると、右手の谷間に墓地、正面に逗子方面の景観がひらける。その先の左側に法性寺の祖師堂がある。

　この寺の山号は猿畠山というが、これは日蓮が松葉ケ谷の法難のとき白猿にみちびかれ、この山の洞窟に難を避けたという由来からきている。急な石段を下って庫裡まで行き、そこからだらだら坂を山門に出ると、猿畠山という偏額に二匹の白い猿が取りついている。

　山門の横の踏切を渡ると鎌倉から逗子に入る街道で、右手に鎌倉へのトンネルが二つ口を開けている。そのトンネルはいま通ってきた法性寺、まんだら堂、名越坂切通しの下をくぐり抜けて長勝寺の前に通じているのである。

延命寺

小町から材木座へ

一ノ鳥居

下馬四つ角　鎌倉駅から若宮大路へ出て左に行けば段葛を経て鶴岡八幡宮だが、逆に右へ行くと横須賀線のガードをくぐった先に十字路がある。ここを下馬といっている。八幡宮に参拝するときは、いかに身分の高い武士といえどもここで馬を下りなければならなかったことから、この地名が生まれた。ガソリンスタンドの脇に下馬跡の碑が立っている。

身代り地蔵　下馬四つ角から東へ滑川を渡ると右側に延命寺がある。本尊の地蔵尊は俗に「身代り地蔵」といわれているが、裸像なので別に裸地蔵とも呼ばれている。

あるとき、執権北条時頼の夫人が双六勝負をした。負けたら着物を一枚ずつ脱いでゆくという約束である。時頼夫人が大負けに負けて進退きわまっているとき、裸の地蔵尊が双六盤の上に現われた。夫人の身代りになったというわけである。そこで夫人はこの地蔵尊を守り本尊として深く帰依したという。それが本尊だが、ふだんは衣を着せ、双六盤の上に安置してある。

江戸時代になって赤穂四十七士の一人である岡島八十右衛門の三男がこの寺の住持となったことがあり、その住持の書いた赤穂義士銘々伝が寺宝として残されている。

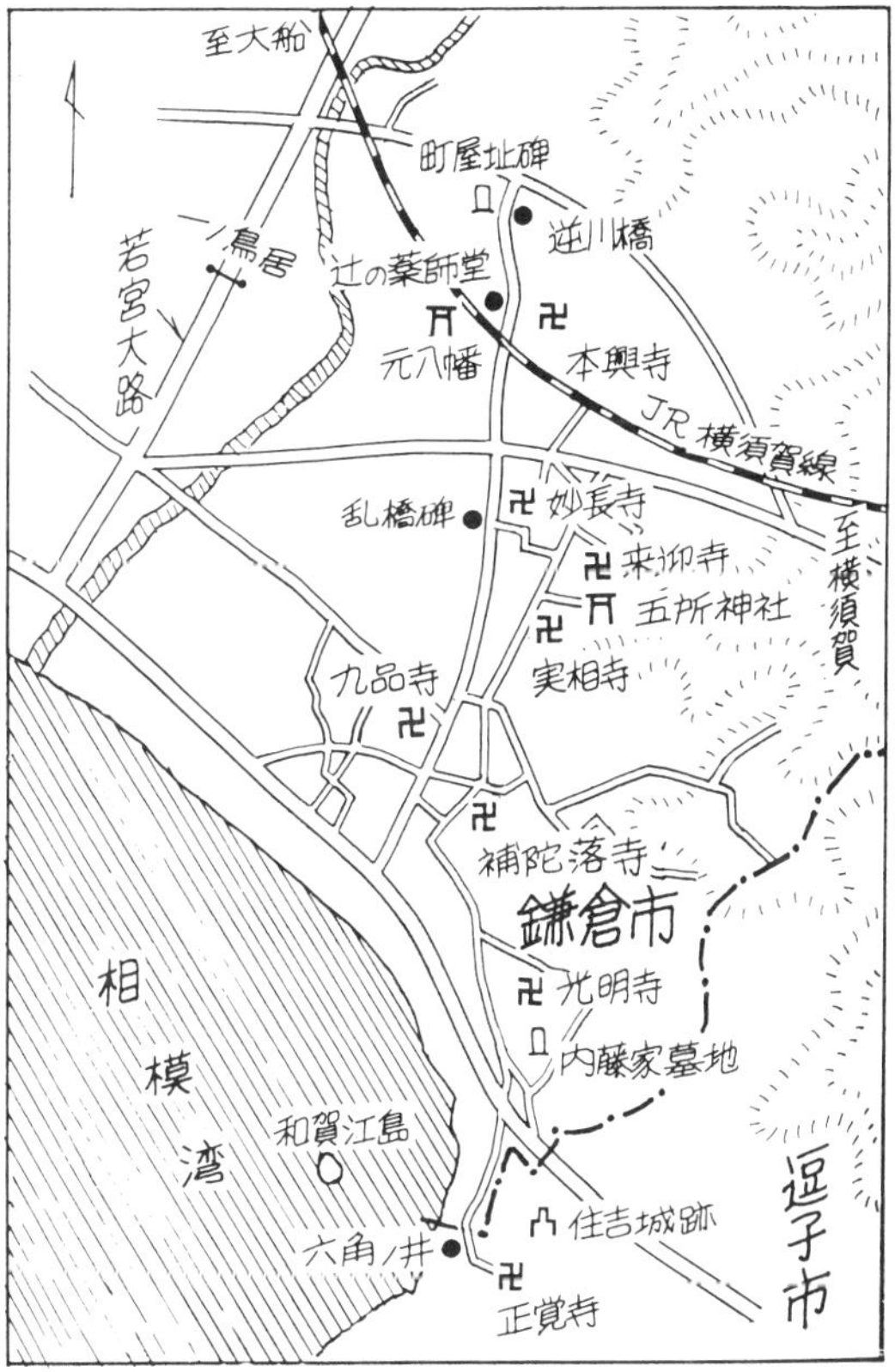

一ノ鳥居　下馬四つ角へ戻って若宮大路を海岸のほうに進むと、正面のやや高くなったところに鶴岡八幡宮の一ノ鳥居がそびえている。この付近にはまだ往時の参道の松並木がまばらだが残っている。
八幡宮創建のころ、この鳥居は木造だった。ところが徳川二代将軍秀忠の夫人於江の方が鶴岡八幡宮に世継ぎ誕生を祈願して三代将軍家光が生まれたので、一

畠山重保の墓

ノ鳥居の改修を思い立った。その後、四代将軍家綱がこの祖母の祈願達成のため、寛文八年（一六六八）八月に石造りの鳥居を完成させた。この石材は、はるばる備前国（岡山県）大島から運ばせたものという。大正十二年の関東大震災で崩れ落ちたが、昭和十二年に再建され、国の重要文化財に指定されている。

畠山重保の最期　一ノ鳥居のかたわらに一基の宝篋印塔が立っている。畠山重忠の長子重保の墓と伝えられ、土地の人々は「六郎さま」と呼び、咳の神様として信仰されている。

畠山重忠は幕府草創期からの功臣として幕閣に重きをなしてきた。千葉氏、梶原氏、比企氏、三浦氏など、幕府創立に力を尽した功臣は、いずれも北条氏の謀略によって滅ぼされているが、畠山氏も同じ運命に追いこまれている。

元久二年（一二〇五）六月、北条時政の後妻牧の方の女婿平賀朝雅と畠山重保が口論するということがあった。それを根にもった朝雅が「重保に謀叛の企てあり」と牧の方を通じて時政に讒言した。時政がそれを信じたかどうかは別として、畠山氏を倒す絶好の口実になる。ただちに子の義時に畠山重保の討伐を命じた。

六月二十二日の夜、鎌倉の御家人たちが「謀叛人を討て」と叫びなが

元八幡神社

ら由比ケ浜に駆けつけた。なにも知らぬ重保は、みずからも鎧かぶとに身を固め出かけて行った。そこを三浦義村の手勢に囲まれ、切り刻まれて息絶えた。巷説によると重保は咳の持病を持っていて、滑川の水でその発作をしずめようとしたところを背後から襲われ、落命したという。咳の神様とされているのはそれに由来している。

領国の武蔵国男衾《おぶすま》郡にいた重保の父重忠はこの凶変を聞くと一族郎党をひきいて鎌倉に向かったが、幕府の大軍に行手をはばまれ二俣川のほとりで討死し、畠山氏は滅亡した。

大町の辻

元八幡　一ノ鳥居から鎌倉女学院まで戻り、右手のバス通りを道なりに進むと元八幡のバス停がある。そこから細い露地を左に入って行くと元八幡の小さな社殿がある。

康平六年（一〇六三）に源頼義が京の石清水八幡宮を鎌倉の由比郷鶴岡に勧請したことはすでに述べたが、それがここである。頼朝が鎌倉入りをして八幡宮を現在の大臣山に遷してからはさびれ果て、あまり訪う人もない。

辻薬師　元八幡のバス停の先の丁字路でバスは右折するが、それを左

町屋跡の碑

に行けば横須賀線の踏切を越えて大町の四つ辻である。その踏切の脇に辻薬師の小さな堂がある。これはもと名越の医王山長善寺にあったものを、明治維新後、焼失して廃寺になったとき、薬師堂だけを現在地に移したものだという。本尊の薬師如来像は行基の作と伝えられる。ほかに日光菩薩、月光菩薩、十二神将像が祀られ、ともに県の文化財になっている。

鎌倉の下町・材木座

材木座　辻薬師から大町四つ辻に向かう左側に町屋跡の碑が立っている。このあたりは鎌倉時代の庶民の盛り場だった。町屋跡というのは、つまりは商店街である。

滑川から東、横須賀線の線路を境にした南側を材木座というが、ここはかつての下町といっていい。座というのは元来が商人や職人でつくられた同業組合のようなものである。鎌倉には材木座をはじめ絹座、炭座、米座、檜物《ひもの》座（ヒノキで作った容器）、塩座、魚座の七座があった。このうち材木座だけが地名として残っているわけである。大町の四つ辻から辻薬師の前を通って、まっすぐ南、材木座海岸へ達するのが、かつてのメインストリートであった。

鎌倉十橋

逆川橋
乱　橋
琵琶橋
夷堂橋
筋替橋
歌の橋
針磨橋
勝の橋
十王堂橋
裁許橋

妙長寺　このメインストリートを南に下ると、左側に日蓮上人の伊豆船出の旧跡である妙長寺がある。松葉ケ谷の法難ののち、日蓮は捕えられて伊豆の伊東へ流された。弘長元年（一二六一）五月のことである。信者たちが涙ながらに見送る中を、日蓮を乗せた船は由比ケ浜の沼ケ浦から船出して行った。

ところが幕府の役人は日蓮を伊東まで届けず、近くの岩の上に置きざりにしてしまった。それを救った舟守弥三郎という漁師の息子が日蓮の弟子となり、日実と称した。この日実が開山となって正安元年（一二九九）に沼ケ浦に建てたのが妙長寺なのである。それが大和元年（一六八一）の大津波で流されたため、現在地へ移された。境内に高さ十メートルほどの「日蓮上人伊豆法難記念」の相輪塔が立っている。

乱橋　妙長寺のすぐ先に鎌倉十橋の一、乱《みだれ》橋がある。橋ともいえぬ橋なので見落としてしまいそうだが、昭和四年に鎌倉町青年団が建てた史跡案内の碑がその所在を示している。この史跡案内碑は大正六年ごろから昭和初年にかけて主な史跡に立てられたもので、いまでも史跡を訪れる人々の良き道しるべになっている。

この橋の名の由来は、新田義貞の軍勢が鎌倉に乱入したとき、幕府方の防禦線がこのあたりで崩れ、乱れ立ったことにあるという。

来迎寺

来迎寺　乱橋の先の露地を左に入って行くと、三浦大介義明、多々良四郎義春（重春）父子の菩提を弔うために頼朝が建立した来迎寺である。三浦義明は衣笠城（横須賀市）を本拠として三浦半島に君臨する豪族だったが、治承四年（一一八〇）頼朝が伊豆で挙兵すると、ただちに子の義澄、義春らを派遣した。しかし義澄らが途中で頼朝の敗報を聞き、引き揚げるところを平家方の軍勢と鎌倉の小坪で衝突し、このときの戦闘で四郎義春は十七歳の若さで討死した。また義明も衣笠城に平家の軍勢を迎え討って討死した。

　義明の墓は横須賀市大矢部町の満昌寺にあるが、頼朝は自分の挙兵に力を寄せて死んだ義明、義春の菩提を弔うため、特に鎌倉に能蔵寺という寺を建立した。それがのちに来迎寺に改められたという。本尊は義明の守り本尊であった阿弥陀三尊で運慶の作と伝えられる。境内に義明と義春の供養塔が立っている。

五所神社　来迎寺の南側の露地を左に入ると、材木座の鎮守である五所神社がある。明治四十一年に乱橋村と材木座村が合併したとき、材木座の鎮守諏訪神社、能蔵寺の八雲神社、金比羅社、見目《みるめ》明神を乱橋の鎮守三島神社に合祀し、五所神社と改称したものだ。境内にある弘長二年（一二六二）の銘が入った板碑は市の指定文化財になっている。

実相寺

実相寺　来迎寺の前の露地に戻って南へ下ると工藤祐経屋敷跡の実相寺の前に出る。工藤祐経は河津三郎祐泰を殺したため、祐泰の遺児曾我兄弟に富士の裾野で討ち果された。建久四年（一一九三）五月二十六日の夜である。これは日本三大仇討の一つにかぞえられている事件である。

この祐経の娘が平賀祐昭という者に嫁いで生まれた子が日蓮の弟子となって日昭と称した。日昭は弘安五年（一二八二）に祖父の屋敷跡に妙法華寺を建立したが、この寺はのちに越後（新潟県）に移され、その跡に江戸初期の元和七年（一六二一）に日潤が再建したのが現在の実相寺である。境内に日昭の供養塔がある。

九品寺　バス通りに出てなおも南に下ると、バス停九品寺の脇に同名の寺がある。鎌倉では珍しい、新田義貞開基という由緒を持つ。

元弘三年（一三三三）五月、鎌倉に攻め入った義貞はこの地に陣を構えて北条方を打ち破った。そして幕府滅亡の後建武三年（一三三六）戦死者の霊を弔うため風光順西を開山として建立したのが九品寺であるという。山門と本堂に掲げられた額の「内裏山」「九品寺」の文字は義貞自筆と伝えられる。

補陀落寺　九品寺の前の道を南に行けば、湘南道路のガードをくぐり抜けて材木座海岸に出る。その手前で露地を左に入って行くと、一見、

光明寺

農家のような補陀落寺《ふだらくじ》がある。文覚上人が頼朝に挙兵をすすめたことはすでに述べたが、養和元年（一一八一）頼朝がその恩にむくいるため文覚を開山として建てたのがこの寺だという。頼朝が挙兵した翌年のことである。寺宝として、壇ノ浦で平家から分捕ったという赤旗が残されている。

光明寺

大名の寺　バス通りに戻って道なりに進むと光明寺バス停の前に出る。その横の光明寺の総門をくぐると正面に雄大な山門がどっしりとした構えをみせてそそり立っている。その奥の本堂もまた重厚な構えである。浄土宗の関東大本山、鎌倉四大寺（建長寺、円覚寺、遊行寺、光明寺）の一、関東十八壇林の次席という肩書きにふさわしい大寺である。

仁治元年（一二四〇）四代執権北条経時が良忠上人を開山として佐介ケ谷に蓮華寺を建立した。それが三年後の寛元元年（一二四三）に現在の地に移され、光明寺と改められた。経時の墓がこの寺にある。

その後、歴代執権北条氏や鎌倉公方、徳川家康など、時の権力者の崇敬と保護を受けたが、江戸時代に日向（宮崎県）延岡藩主内藤家の菩提所となったことで、鎌倉で唯一の大名の寺としての格式を持つようにな

鎌倉十井

棟立の井
底脱の井
六角の井
銚子の井
星の井
鉄の井
瓶の井
甘露の井
泉の井
扇の井

った。境内の山ぞいの墓地に高さ三メートルほどの宝篋印塔や五輪塔が無数に並び立っているのは壮観である。

そこからさらに背後の山に登ると、眼下の山門と本堂の屋根の向こうに材木座、由比ケ浜の海岸がひらけ、稲村ケ崎、江ノ島方面まで見渡すことができる。晴れた日には海上はるか大島まで望める。

お十夜　この寺の行事として十月十三日から十五日まで三日間行なわれる「お十夜」の法要は有名だ。享徳年間（一四五二〜五四）平貞国が京都真如堂に参籠して十日間念仏をつとめたのがお十夜の起こりだとされている。したがって各地の浄土宗の寺で行なわれているわけだが、特に光明寺のは名高く、この三日間は近郷近在から境内を埋め尽すほどの人が集り、屋台の店や植木市などが開かれて大変な賑わいである。

六角の井　光明寺門前から小坪へ向かって歩くと、道端に古井戸があり「六角の井」の碑が立っている。これは別名を矢ノ根井ともいうが、それには源為朝にまつわる伝説がある。為朝は天下無双を謳われた弓の名人だったが、保元の乱（一一五六）で敗れ、再び弓を引けぬよう腕の筋を切られて伊豆大島へ流された。しかしなおも自分の弓勢をためしてみようと、大島から鎌倉の光明寺めがけて遠矢を放ったところ、それがすぐ近くの六角の井に落ちたという。この井戸は鎌倉十井の一つにかぞ

和賀江島

えられている。

住吉城跡の正覚寺　六角の井のすぐ先に、古びた石段が左手の山腹にかけてのびている。それを登ると正覚寺の小さな堂がある。良忠上人が光明寺が完成するまでの間、ここに滞在したという伝えがある。

この寺の裏山は、かつて玉縄城、杉本城と並んで鎌倉三名城の一と謳われた住吉城の跡である。戦国時代の永正九年（一五一二）岡崎城（伊勢原市）の城主三浦義同（導寸）が北条早雲に追われて逃げこんだのが住吉城だった。導寸は弟の道香にこの城を守らせ、みずからは油壺の新井城に入ったが、やがて押し寄せて来た北条勢のために住吉城は落城、道香は逗子の延命寺で自刃して果てた。城跡に城名にちなむ住吉神社の小祠がある。

和賀江島　正覚寺からの眺望は光明寺裏山よりもさらに視界がひらけてすばらしい。すぐ眼の下が材木座海岸だが、その沖合二百メートルほどのところに小さな島がある。島とはいっても満潮になると海面下に沈んでしまう。

これは貞永元年（一二三二）往阿上人が執権北条泰時に願い出てその協力を得、築き上げた防波堤の跡である。当時、鎌倉には多くの船が出入りしていたが、遠浅のために荷の積み下ろしがまことに不便だった。

また風のあるときは防ぎようがない。そこで防波堤で港を造り、船が淀泊しやすくしたのである。

この港のお蔭で鎌倉は貿易港としても栄えた。当時の記録である『海道記』には、数百隻もの船が停泊し、まるで近江（滋賀県）の大津港のようで、商人たちが満ちあふれている、などと記されている。消費都市鎌倉を支える商人町の材木座もこの港の近くにあった。

ここはまた日宋貿易の拠点にもなっていた。いまでも鎌倉の海岸からは宋時代の青磁の破片などが出土するのはその名残りだろう。鎌倉仏教の布教に努めた宋からの渡来像たちの中にも、この港から上陸した者がいたにちがいない。

しかし、永い年月にこの堤は風波に崩され往時の面影をわずかしかとどめていないが、わが国初の築港跡として国の史跡に指定されている。

北鎌倉の寺々

円覚寺

円覚寺山門

鎌倉の裏玄関　いままでのコースは鎌倉の表玄関ともいうべき鎌倉駅を起点にして歩いたわけだが、それとは別に、東京方面から一つ手前の北鎌倉で降り、そこから寺々をめぐって鶴岡八幡宮に向かうコースがある。いわば鎌倉の裏玄関から入るわけだが、日帰りの鎌倉めぐりではむしろこのコースをとる人のほうが多いかもしれない。土曜、日曜など、このコースの車道は車が数珠つなぎになり、その両脇の歩道を人の列が切れ目なくつづくというラッシュぶりである。

時宗建立の円覚寺　北鎌倉駅で降りた人がまず訪れるのが円覚寺だ。なにしろ駅のすぐ前にあるのだから当然である。元来、駅そのものが円覚寺の境内に造られているのである。線路は境内を横断してのびているのだ。

円覚寺側の改札口を出るとすぐ「贈従一位北条時宗公御廟所」の石柱が目につく。そこから石段を登って総門をくぐると、さらに石段の上に

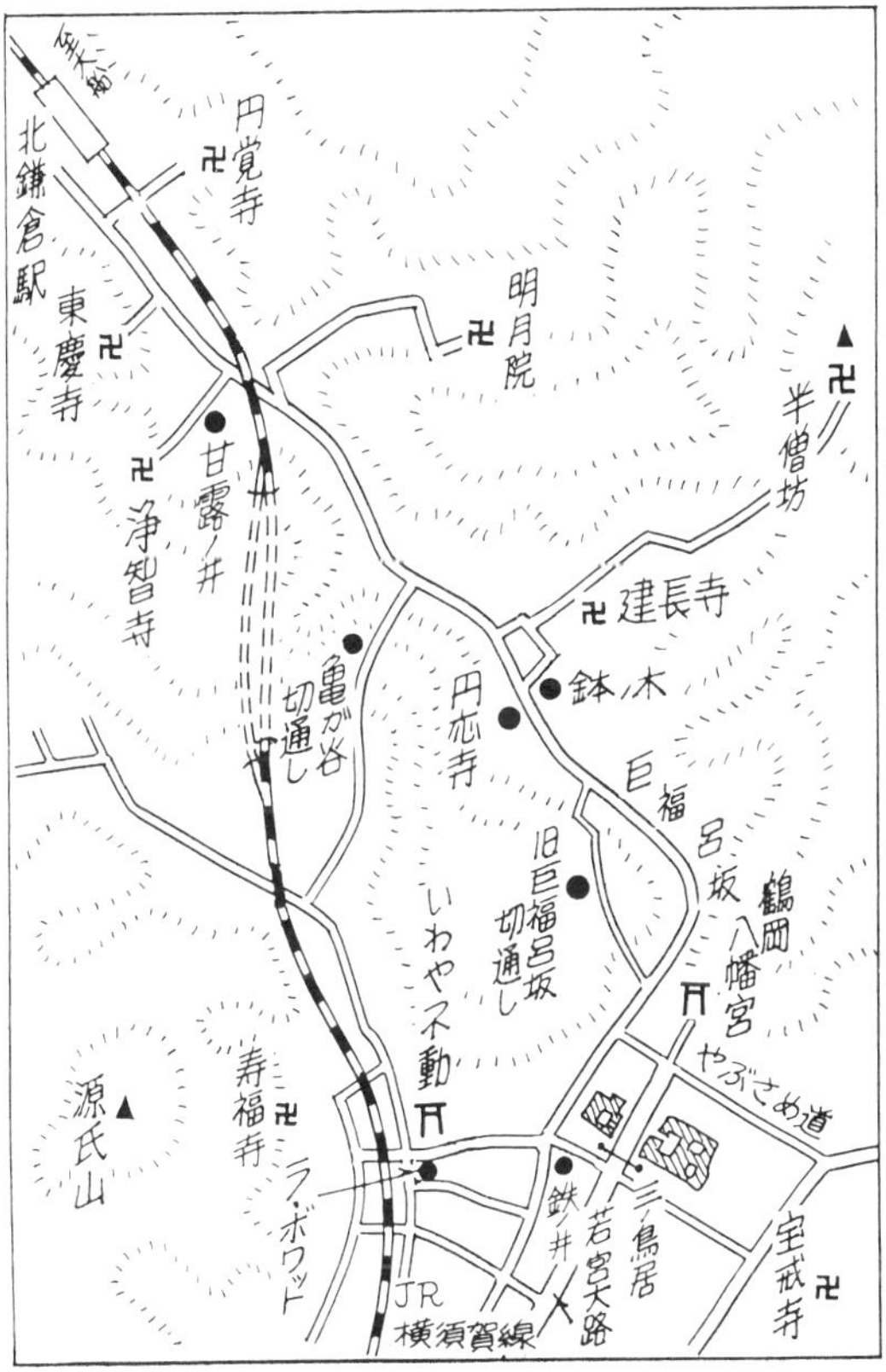

杉の巨木に囲まれた巨大な山門がそびえる。その背後か本堂の仏殿で、さらにその後ろに勅使門のある塀に囲まれた方丈と書院がある。これが円覚寺の中心をなす建物で、その周囲を十七の塔頭が取り囲んでいる。

この寺は弘安五年（一二八二）十二月八日、第八代執権北条時宗が中国の宋の名僧無学祖元を開山として開基したもので、蒙古襲来にさいしての敵味方の死者を弔うために発願したという。鎌倉五山の第二位に列せられている。

正しくは瑞鹿円覚興聖禅寺というが、瑞鹿という山号は無学祖元が初めて説法をしたとき、白い鹿が現われて人々にまじって聞き入ったことから名づけられたという。また円覚という寺号は、この地を掘ったとこ

円覚寺選仏場

ろ石櫃が出てきて、中に円覚経が納めてあったことに由来するという。

北条時宗廟所　この寺の最盛期には五十余の塔頭があったというが、現在は十七をかぞえるにすぎない。それぞれについて記す煩は避けるが、中心になるのは方丈の背後にある仏日庵で、ここには開基の時宗の廟所がある。

時宗は五代執権北条時頼の第二子で、建長二年（一二五〇）五月の生まれ。十五歳で連署の地位につき、その性格は豪胆無比と評されていた。八代執権となったのは十八歳のときである。その後に文永十一年（一二七四）弘安四年（一二八一）と二度にわたる蒙古の襲来がある。しかしこの国難は時宗の断固たる指導のもとに切り抜けることができた。そして三年後の弘安七年四月四日、三十四歳の若さで死んでいる。その一生は、まさに蒙古襲来を退けるためにのみこの世に生まれてきたかの感がある。

縁切り寺の東慶寺

時宗夫人の開山　円覚寺を出て線路を渡り、北鎌倉駅前の道を左へ鎌倉方面に行くと、右側の奥に東慶寺の石段が見える。さして高くない石段の両側のアジサイが美しい。簡素な茅ぶきの門をくぐると境内は一面

東慶寺の入口

の梅林である。その中を一条の道がつらぬき、正面に青銅の仏像が安置されている。その手前の左側に鐘楼、右手に仏殿の泰平殿がある。

この寺を開いたのは北条時宗の夫人とされている。彼女は弘長元年（一二六一）四月、十歳のとき一歳年長の時宗のもとへ嫁いだ。秋田城介安達義景の娘である。弘安七年に時宗が死ぬと、夫人も落髪して覚山志道と称した。そして翌八年、夫の眠る円覚寺を向かいに見上げる現在地に東慶尼寺を創建したのである。以後、明治に至るまで鎌倉の尼寺五山の一として名門出身の尼住持が法灯を守りつづけてきた。

歴代住持のうち主な人を挙げると、五世用堂尼は後醍醐天皇の皇女で、弟護良親王の菩提を弔うため入山した。このときから松ケ岡御所とも呼ばれた。二十世天秀尼は大坂城で滅んだ豊臣秀頼の娘である。境内の裏山に覚山尼を含めたこの三人の女性の墓所がある。杉木立の下で、いまなお三人はなにやらひそかに囁きかわしているようである。

縁切り寺　ところでこの寺は縁切り寺、駈け込み寺などという異名のほうで有名だ。むかしは、どんなに夫が悪い人間であっても、夫の許しがなければ妻のほうから離婚ができなかった。そのためにつらい思いをする女性が多かった。しかしこの寺へ駈け込んで三年間（のち二年間）滞留すれば離婚が認められるという寺法があった。そのため地元の相模

東慶寺境内

はもちろん、江戸や関東一円から駈け込んで来る女が跡を絶たなかったという。
いつからこうした寺法ができたのかは明らかではないが、天秀尼が住持だったとき、会津加藤家の重臣、堀主水が出奔し、自分は高野山へ逃げ妻子は東慶寺に預けるという事件があった。このとき藩主の加藤明成は幕府に迫って堀主水を下山させ、捕えて斬った。それでも腹がおさまらず、東慶寺にかくまわれていた主水の妻子を捕えて処刑してしまった。しかし、そこに入った者は治外法権的な扱いを受ける東慶寺に捕吏を入れたことは世間の批判を招き、加藤家はついに改易されてしまう。
一説に、天秀尼が最後までかばい通したため、主水の妻子は助かったともいうが、いずれにしろ江戸の初期にはこうした寺法が確立していたことが分かる。そしてこれは明治になるまでつづけられた。なかには門前まで逃げて来ながら夫や親兄弟につかまるという不運な女もあったが、そうしたときは櫛や下駄など身につけているものを門内に投げこむと、それでもう駈け込んだことになったといわれている。尼寺で男は一切入れないから、もう手が出せないわけである。当時詠まれた川柳に次のようなものがある。

松ケ岡　男を見ると犬が吠え

くやしくば　訪ね来てみよ松ケ岡
出雲にて結び　鎌倉にてほどき

最後の句は、出雲には縁結びの神である出雲大社があることを考えれば意味がわかる。

浄智寺

東慶寺から鎌倉方面に進み、横須賀線の踏切にかかる手前の右側にあるのが鎌倉五山の第四位に列せられる浄智寺だ。

門前の小さな池は鎌倉十井の一つ「甘露の井」である。古い石造りの橋を渡って磨りへった石段を登り、小さな山門をくぐると奥に重層の鐘楼が見える。あまりほかでは見られない珍しい造りである。どこか中国風な雰囲気がある。

「曇華《どんげ》殿」の額をかかげる仏殿には本尊の三世仏が安置されている。阿弥陀、釈迦、弥勒の三体でそれぞれ過去、現在、未来を示しているという。

浄智寺参道

弘安五年（一二八二）の創建で、開基は北条宗政、師時（十代執権）父子の二人だが、開山のほうは三人もいて複雑だ。正開山が宋からの渡来僧の兀庵《ごったん》普寧《ふねい》、招待開山が大休正念、準開山が南州宏海となっている。

本来ならば宏海が開山になるところだったのだが若年だからといって遠慮し、大休正念を招待して開山とした。そして亡き師の兀庵を正開山とした。仏門の世界にもいろいろと事情があったようだ。

かつては十一もの塔頭をつらねて栄えた寺だが後世の戦火や、さらには関東大震災でほとんどが倒壊し、現在は総門、山門、鐘楼、仏殿だけが残って哀微の気配はかくせない。しかしそれだけに古寺の趣きが味わえるというものだ。

浄智寺鐘楼

境内から谷の奥にのびる道は天柱峰を経て葛原岡方面へのハイキングコースになっている。

明月院

アジサイ寺　浄智寺から踏切を渡ってすぐ左に折れ、さらに明月谷に分け入る道をたどると明月院に突き当る。明月院というよりは、近頃はアジサイ寺といったほうが通りがいい。梅雨どきにはラッシュアワーのような人出である。境内はまことに見事なアジサイにあふれているが、実はこれは戦後になって植えられたもの。いわば新しく登場した鎌倉の名所である。

この寺は五代執権北条時頼が自邸の近くに建てた最明寺跡で同寺が廃

明月院

寺になっていたのを、子の時宗が復興して建てた禅興寺の塔頭である。室町時代の初め、管領足利氏満の執事上杉憲方によって建立された。憲方は出家して明月院道合と称したことから、同名の院号となった。それが禅興寺のほうが廃寺になり、塔頭の明月院だけが残り、今日に至っているのである。

最明寺時頼のこと　北条時頼は最明寺を建立したことから一般に最明寺時頼と呼ばれるが、北条氏十六代の執権を通じて第一の名執権と評されている。二十歳で執権となり、三十歳で病いのため辞職したが、その後も僧形となって諸国を行動し庶民の声を聞いたという。謡曲「鉢の木」などの名場面はそこから生まれた。

ある雪の日に行き暮れた時頼は佐野源左衛門のあばら屋に泊った。源左衛門は秘蔵の鉢の梅桜松の木を燃やして時頼をもてなした。そして「いざ、鎌倉」というときには、すぐさま馳せ参ずるつもりだと、馬小屋の痩せ馬を指さして語った。

それからしばらくして、鎌倉から動員令がかけられた。鎌倉に参じた御家人の中に、痩せた馬、ほころびた鎧に身を固めた佐野源左衛門の姿もあった。そこへ現われた時頼は初めて身分を明かす。そして源左衛門の心掛けを賞して、梅桜松の字のつく土地を所領として与えたという。

時頼が死んだのは弘長三年（一二六三）十一月のことである。そのとき時頼は袈裟を身にまとって「業鏡高く懸く、三十七年、一槌打ち砕く、大道担然」との偈を残し、大往生をとげたという。その霊は明月院境内の廟所に眠っている。

亀ケ谷切通し

亀ケ谷坂切通し

踏切まで戻って鎌倉方面へのゆるい坂を登って行くと、右側に足利尊氏が古先禅師を開山として開基したという長寿寺がある。境内の小さなやぐらにたたずむ五輪塔は尊氏の供養塔と伝えられるが、この寺はいつも門を閉ざし一般公開はしていない。

長寿寺の左側から細い道が林の中にのびているが、これは鎌倉七切通しの一にかぞえられる亀ケ谷坂切通しである。これを行くと扇ケ谷の寿福寺方面に抜けられる。北鎌倉方面から見るとゆるい坂だが、頂上から扇ケ谷側にかけては意外に急坂である。別名を亀返り坂ともいうが、この名はこの坂を登ろうとした亀があまり急で登りきれず引っくり返ったところから生まれたという。

建長寺山門

建長寺

鎌倉五山の第一位　長寿寺の前からなおも鎌倉方面に行くと、正面に建長寺の黒門が見え、道はその前で右のほうへそれてゆく。黒門を入って左手の総門をくぐると、眼の前に重層の雄大な山門がそそり立っている。その右手が国宝の鐘楼である。山門の背後に大きな仏殿が建ち、その背後にこれまた一段と大きな法堂が建つ。この一直線の配置は創建当時からのものらしい。

鎌倉五山の第一位として君臨するこの寺は、正式には巨福山建長興国禅寺という。建長五年（一二五三）北条時頼が宋から渡来した蘭渓道《らんけいどう》隆《りゅう》を開山として開基したものだ。

鎌倉時代になると、奈良、平安のころから栄えてきた天台、真言の貴族的で古典的な両宗はしだいに衰微し、代わって浄土宗、禅宗、真宗、法華宗、時宗などの武士、庶民階級の間に根ざした新仏教が降盛期を迎えた。ほとんどの場合、宗教は権力者の保護の下で栄える。鎌倉幕府の創設で政権が京から鎌倉に移ると、幕府の保護下にある鎌倉仏教が繁栄の道を歩みはじめるのは当然のことであった。その現われが鎌倉五山の隆盛である。

鎌倉五山
巨福山建長寺
瑞鹿山円覚寺
亀谷山寿福寺
金峰山浄智寺
稲荷山浄妙寺

五山と五山文学　もともと建長寺のあるあたりは地獄谷と呼ばれ、処刑場のあったところだ。それが建長寺の出現で、一躍、鎌倉仏教の中心地となったのである。開山の蘭渓道隆は弘安元年（一二七八）六十六歳で没し、朝廷から大覚禅師という初めての禅師号を与えられている。以後、歴代住持には兀庵普寧、大休正念、無学祖元（仏光国師）、一山一寧といった錚々たる名僧が名をつらね、最盛期には塔頭四十九、僧の数はおよそ千人に及んだという。

建長寺を中心にした鎌倉五山に集う学僧たちの間からは漢文、詩文、日記などの優れた作品が次々と生み出され、それらはやがて五山文学と称されて鎌倉から室町に至るまでの学問の中心となっていった。

ところで、この鎌倉五山が定められたのは室町時代に入って三代将軍足利義満のときである。同時に京都でも京都五山が定められている。五山というのは元来が中国の宋の官寺制度であったものを取り入れ、寺院の格式を表わしたものだ。その第一位に挙げられたのだから、建長寺はいわば鎌倉の寺院群の盟主といっていい。

一般人の参入は許さないが、仏殿の右側の中腹に西来院、同契庵、昭堂など一群の堂宇があり、その背後の山に開山大覚禅師と五世仏光国師の墓がひっそりとたたずんでいる。

建長寺仏殿

法堂の左後ろにある方丈は竜王殿と呼ばれているが、そこに入る唐門は久能山東照宮から移築されたものという。竜王殿の縁側づたいに裏の心字池を中心とした庭園が拝観できる。これは夢窓国師の作になるものと伝えられている。この竜王殿の横を山側に向かう道は半僧坊から天園方面へのハイキングコースになっている。

梶原施餓鬼とけんちん汁　開山の大覚禅師にまつわる伝説を二つ。建長寺では毎年七月十五日、山門の下で施餓鬼会《え》を行なうが、あるときそれが終わった直後に一人の騎馬武者が駆けつけ、ひどく残念がった。そこで大覚禅師が呼び止めて名をたずねると、梶原景時の亡霊だという。そこで禅師がもう一度施餓鬼をしたところ、大いに喜んで姿を消したという。以来、建長寺では施餓鬼会のあとで、さらに梶原施餓鬼をするようになったということである。

また大覚禅師は野菜を調理して残った皮などを捨てず、油でいためて汁を作った。いま、けんちん汁といわれているものの起こりだが、これは初めは「建長汁」と呼ばれていたのが訛って、けんちん汁になったのだそうだ。

円応寺

巨福呂坂切通し

円応寺　建長寺の前から通りをへだてた左斜め前に閻魔大王の像で知られる円応寺がある。もと材木座にあったのが元禄十六年（一七〇三）の大津波で倒壊したので現在の地に移されたという。本尊の閻魔大王像は五メートルもの高さがある大きなもので、鎌倉中期の名匠、運慶の作といわれている。どういう理由でかその由来はわからないが、この寺で赤子の名をつけてもらうと丈夫に育つという言い伝えから、子育て閻魔と呼ばれている。このほか堂内には秦江《しんこう》、初江《しょこう》、宋帝、五官、変成《へんじょう》、太山、平等、都市、五道転輪、あわせて十体の冥界の王の像が安置され、十王堂とも呼ばれている。

巨福呂坂切通し　円応寺の先で道は谷間を拓《き》り開いたトンネルになり、鶴岡八幡宮の裏側へと降ってゆく。いまは小袋坂と書くが、むかしは巨《こ》福呂《ぶくろ》坂と書き、鎌倉七切通しの一である。もっとも休日は車で埋まるこの道は新道で、トンネルの先で右に入ってゆく旧道があり、路傍に庚申塔や道祖神などが残っている。しかし、その先は行き止まりになっている。この旧道は国の史跡に指定されている。

弘安五年（一二八二）一遍上人がこの道から鎌倉に入ろうとしたとこ

小袋坂切通し

ろ、ちょうど北条時宗が通るので警固の侍に制止され、片瀬へまわったということがあった。

また新田義貞が鎌倉を攻めたとき、幕府方は赤橋守時に巨福呂坂を守らせたが、結局敗れたことが『太平記』に出ている。この旧道は裏八幡のバス停で新道に合流している。

寿福寺参道

八幡宮から源氏山へ

寿福寺のあたり

鉄の井　先に鶴岡八幡宮から若宮大路を境にして東側を歩いたが、今度は西側を巡ってみることにしよう。

八幡宮の三の鳥居を西へ行くと、北鎌倉から来る道が小町通りに入る丁字路にぶつかる。その角に鎌倉十井の一、鉄《くろがね》の井の跡がある。むかし、この井戸の中から鉄の観音の首が掘り出されたところから、この名があるという。『吾妻鑑』によると正嘉二年（一二五八）正月十七日、安達泰盛の甘縄の屋敷から出火し、南風にあおられた火は薬師堂の裏山を越えて寿福寺のあたりまで焼き尽したという。この観音像はその折りの火災で土中に埋れていたものが掘り出されたのではないかと推測されている。

寿福寺　鉄の井から小町通りに入り、すぐ右に折れるのが寿福寺に通じる道である。いかにも鎌倉の裏通りらしい閑静な道だ。その途中、右手の崖の下に『吾妻鑑』や『相模風土記』などにも記されている窟屋《いわや》不

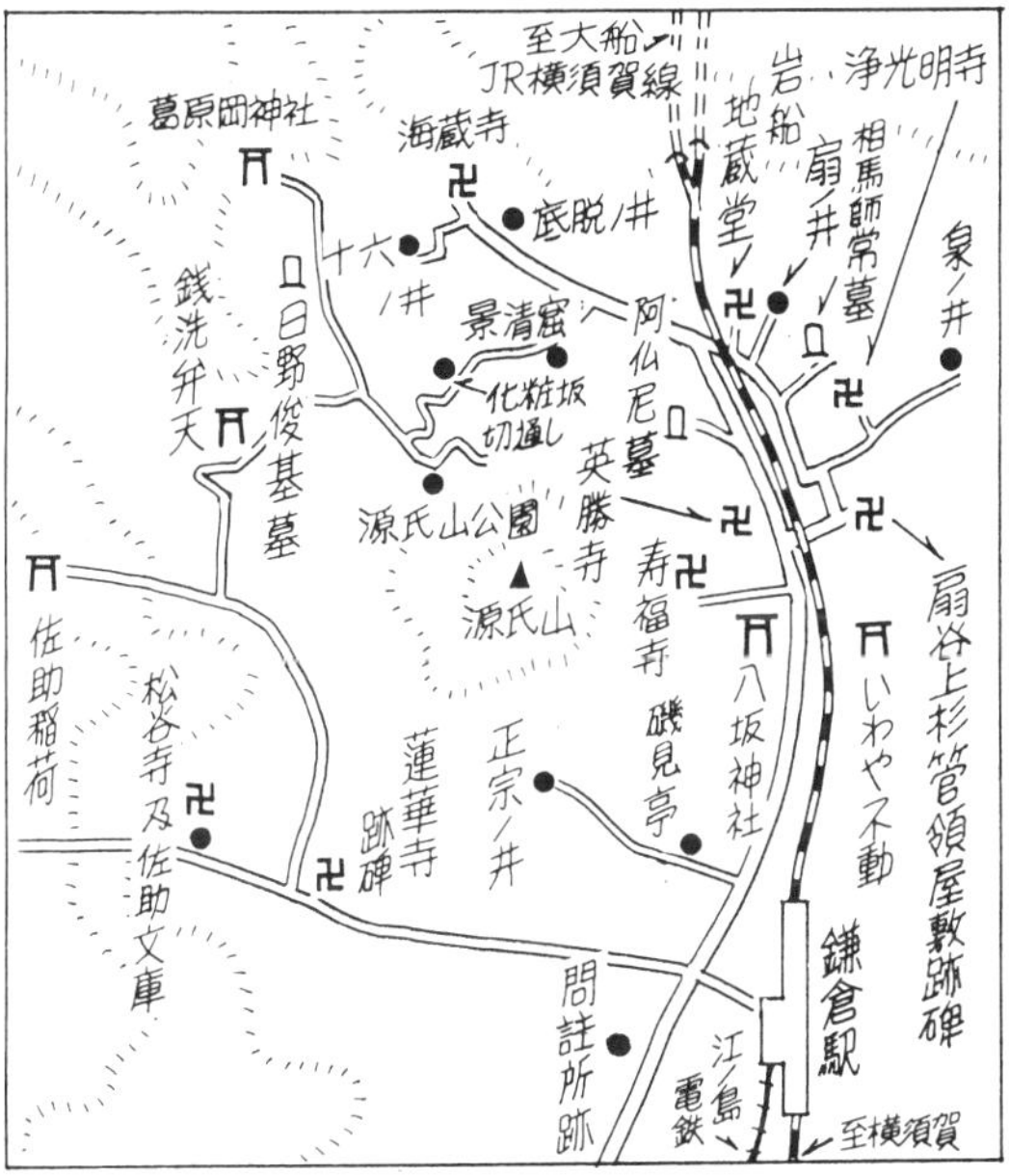

動がある。その先で横須賀線の踏切を渡ると、正面が寿福寺である。この寺は総門をくぐってから山門までまっすぐにのびる石畳の道が良い。左右からかぶさる濃い樹木の間から木漏れ日がこぼれる光景などは陳腐な言い方だが、絵のような美しさだ。

ここにはもと源義朝の館があった。その子頼朝は鎌倉入りすると、父の故地に館を構えようとしたが、あまりにも狭いので大蔵の地に幕府を設けたのである。この源氏ゆかりの地に正治二年（一二〇〇）北条政子が栄西禅師を開山として開基したのが寿福寺である。栄西は二度にわたって中国の宋に渡った名僧で、日本に初めて茶をもたらした人物として知られている。彼が源実朝に茶の効用を説いた『喫茶養生記』が寺宝になっている。

政子と実朝の墓　山門の奥の仏殿はふだんは公開されていない。その前で左へまわる道は裏山の墓地に通じている。伊藤博文内閣の外務大臣として活躍した陸奥宗光の墓の前を

寿福寺本堂

通って奥に進むと緑の中に埋もれるように墓石が累々と並び立っている。裏山の崖がこの墓地を囲んでいるが、その崖にいくつかのやぐらが暗い口を開け、俳人高浜虚子の墓などもある。その右手の一段と奥まったところにあるやぐらが北条政子の墓所と伝えられ、五輪塔が安置されている。

政子についてはいまさらいうまでもないが、北条時政の娘で源頼朝の妻となり、頼朝亡きあとは「尼将軍」として子の頼家、実朝の後見役を勤めた。後鳥羽上皇が鎌倉幕府を倒そうと挙兵した承久の乱に際して政子は、御家人たちを前に、

「いまこそ頼朝公の恩に報じ奉る時でありましょう。三代の将軍の御墓を京の軍勢の馬のひづめにかけられてなりましょうか。おのおの方、もしも上皇の宣旨に従うというのであれば、まずこの尼を殺してから、鎌倉を焼き払い、しかるのちに京へお上りなされ」

と大演説をぶった。その気魄に打たれた御家人たちは感激して団結を誓い、京に攻め上って一撃のもとに上皇軍を破った。男まさりの尼将軍の面目躍如である。執権北条氏の地位を不動なものにするについては、政子の力も大いにあずかるところがあったといえる。

夫に先立たれ、子の頼家、実朝の非業の死を見とどけなければならな

刃稲荷

かった政子が、女性として果して幸せだったかどうかは疑問だが、政治家としてはたぐい稀れな資質の持主だったことは確かである。嘉禄元年（一二二五）六十九歳でこの世を去っている。

政子の墓から少し右側のやぐらに安置された五輪塔が実朝の墓である。このやぐらの内部には彩色された跡が唐草文様になって残っているので、「唐草やぐら」と呼ばれている。

刃稲荷　寿福寺の墓地から山門へ戻る途中、右側に岩をくり抜いた小さな切通しがある。それを道なりに行くと左側に名刀鍛冶の岡崎五郎正宗が祀ったという刃《やいば》稲荷の小祠がある。

正宗は新藤五《しんとうご》国光の弟子で「正宗」といえば名刀の代名詞になっているほどの名工である。それだけに、確かに正宗の作刀と認められるものはごく稀れで、明治になってからその実在否定論が現われ、刀剣界で大論争を巻き起こしたこともあった。『古今名尽大全』では康永二年（一三四三）八十一歳で没したというが、鎌倉の本覚寺に残る墓には正平三年（一三四八）正月十一日、八十三歳で没したと刻んである。

なお、刃稲荷南方の、佐助トンネルの手前左側に正宗が使用したという止宗の井がある。

八坂神社　刃稲荷の前を通り過ぎると今小路に出る。六地蔵から鎌倉

英勝寺本堂

市役所の前を通って扇ケ谷の奥にのびる道である。それを左に行くと寿福寺の門前に戻る。

その手前にある八坂神社は千葉介常胤の二男相馬次郎師常が勧請したものといい、俗に相馬天王と呼ばれる。なお、師常の館はそこから今小路を南に下った巽《たつみ》荒神のあたりにあったという。

扇ケ谷

尼寺英勝寺　寿福寺の北側に接して、常に閉ざされている閑雅な門がある。鎌倉で現在、唯一の尼寺、英勝寺の総門である。境内へはその先の通用門から入ることができる。左手に仏殿があるが、重層のわりにはあまり威圧感がない。尼寺と思って見るせいだろうか。本堂横の高台にある祠堂も鐘楼も手弱女《たおやめ》さながらの可憐さである。

この地は太田道灌が江戸城を築く前に館を構えていたところだという。「山吹の里」の故事で知られる道灌は扇谷上杉氏の家宰で、文武両道に秀でた武将であった。寛正五年（一四六四）に上洛した折り土御門天皇から、武蔵野とはいかなるところかと問われたとき、道灌は歌をもって答えた。

露おかぬかたもありけり夕立の

【上杉氏略系図】

藤原良門……（11代略）……（上杉）重房
- 頼重
  - 重顕――朝定＝（扇谷）顕定
  - 憲房
    - （詫間）重能
    - （犬懸）憲藤
    - （山内）憲顕……（6代略）……憲政＝輝虎（謙信）〔越後春日山城主〕

空より広き武蔵野の原

これには天皇も感心されて、

武蔵野は萱野の原と聞きしかど

かかる言葉の花もあるかな

との御製を賜わったという。

この道灌の四代の孫康資の娘お勝の方が徳川家康の愛妾となり寛永十一年（一六三四）に道灌の館跡に建てたのが英勝寺である。寺号は彼女の英勝院という法号に由来している。開山第一世は水戸藩主徳川頼房の娘玉峰清因尼で、以後代々水戸家の姫君が住持として入る慣わしがつづいた。そこで世間ではこの寺を「水戸様の尼寺」と呼んだという。

なお、寿福寺の前に架かる鎌倉十橋の一、勝の橋はお勝の方が架けたものだと伝えられる。

上杉氏屋敷跡　英勝寺の前にある踏切を渡ってすぐ右側に太田道灌の主家である扇谷上杉氏屋敷跡の碑が立っている。鎌倉六代将軍宗尊親王に従って鎌倉に下った勧修寺重房が上杉氏の祖で、やがてその子孫が扇谷、詫間、犬懸、山内の四家に分かれた。しかし詫間家は山内家に吸収され、犬懸家は禅秀の乱（一四一六）で滅び、結局、山内家と扇谷家が並び立ち、対立を深めた。

浄光明寺

扇谷定正の家宰太田道灌の登場で扇谷氏の勢いが強くなると、山内顕定は定正をそそのかし、道灌が主家を乗取ろうとしていると吹きこんだ。これを真に受けた定正は文明十八年（一四八六）七月、糟谷館（神奈川県中郡）で道灌を誅殺する。道灌は「当家滅亡」と絶叫して息絶えたが、その予言通り、道灌を失ってからの扇谷氏の勢威は急速に衰えていったのである。

浄光明寺　上杉氏屋敷跡の先の丁字路を右に折れ泉ケ谷を入って行くと左側に浄光明寺の山門がある。正面に客殿が建ち、その右側の鎌倉石の石段を登ったところに阿弥陀堂が槇《まき》の巨木におおわれて建っている。ここに安置された阿弥陀如来、観音、勢至像は重要文化財に指定されている。

この寺は建長三年（一二五一）六代執権北条長時が真阿上人を開山として開基したものだ。鎌倉幕府が滅びてのちの建武二年（一三三五）足利尊氏は鎌倉に下ってこの寺に入り、後醍醐天皇に叛いて挙兵すべきか否か、思案にくれていた。尊氏が第二の北条氏になるのを怖れた天皇は新田義貞に命じて尊氏討伐の軍を向けている。これを迎撃した弟の直義は三河（愛知県）の矢矧《やはぎ》川で大敗を喫し、鎌倉へ逃げ込んできた。この有様に尊氏もついに意を決し、挙兵に踏み切るのである。吉野の南朝と

冷泉為相の墓

京の北朝が並び立つ、いわゆる南北朝の動乱は、尊氏がこの寺から出陣したときに始まったといっていい。

矢拾い地蔵と綱引き地蔵　浄光明寺の客殿に安置される地蔵尊は俗に矢拾い地蔵と呼ばれる。足利直義が戦いの最中に矢がなくなったので困っていると、この地蔵尊の化身が現われて、矢を拾い集めてきたという伝説がある。

祖師堂の背後の山に、やぐらの中に安置されたもう一つの地蔵があり、こちらは綱引き地蔵という。由比ケ浜の漁師が海から綱にかけて引き上げたというのでこの名がある。

冷泉為相の墓　綱引き地蔵の少し先に国の史跡に指定されている冷泉《れいぜい》為相《ためすけ》の墓がある。為相は歌人として名高い藤原定家の孫である。定家の子為家は後妻の阿仏尼を愛するあまり、彼女との間に生まれた為相に所領を遺した。ところが異母兄の為氏がそれを承知しないため、為相は阿仏尼とともに鎌倉へ下って幕府に訴えた。そのときの阿仏尼の紀行文が『十六夜《いざよい》日記』である。

為相は浄光明寺の境内の藤ケ谷に住み、鎌倉歌壇の育成に力を注いだ。家集の『藤ケ谷集』はこの地で編まれたものだ。嘉暦三年（一三二八）五十五歳で世を去った。なお、母の阿仏尼の墓と伝えられる塔が横須賀

海蔵寺

線の線路をへだてた道ぞいのやぐらの中にある。

泉の井と扇の井と底脱の井　浄光明寺の門前から左に行くと、道端に鎌倉十井の一、泉の井がある。逆に線路端へ戻って右に進み、小さな路地を入ると、これも鎌倉十井の一、扇の井がある。その先の丁字路を右に行くと亀ケ谷坂切通しを抜けて北鎌倉方面に出られる。

切通しへの道を右に見てなおもまっすぐ行き、横須賀線のガードをくぐると寿福寺前からの今小路に合流する。それを左に行けば阿仏尼の墓があり、右に行くと海蔵寺である。

海蔵寺の門前に、これまた鎌倉十井の一である底脱《そこぬけ》の井がある。ある尼が水を汲んでいるとき、桶の底が抜けた。そこで次のような歌を詠んだ。

賤《しず》が女《め》がいただく桶の底ぬけて
　ひた身にかかる有明の月

これによって底脱の井と呼ばれるようになったということである。しかしこの風流な挿話を残す井戸もいまは水が涸れてしまっている。

海蔵寺　底脱の井の前にある海蔵寺の小さな山門をくぐると境内のあふれるような緑につつまれて左手に薬師堂、正面に本堂がある。扇谷上杉氏定が応永元年（一三九四）玄翁空外《げんのうくうがい》を開山として創建した寺だ。

本尊は薬師像だが、俗に「啼《な》き薬師」と呼ばれている。寺の裏山で夜な夜な子供の泣き声がするので、玄翁和尚が掘ってみたところ薬師の頭部が出てきた。そこで新たに薬師如来像を刻み、胎内にその頭部を納めたと伝えられる。

玄翁和尚にまつわる伝説としてはもう一つ、那須野の殺生石の話が有名だ。近衛天皇の寵愛を受けていた玉藻《たまも》の前という美女があったが、実はこれが狐の化身で、正体が現われて東国へ逃げ、那須野ヶ原で殺された。しかし今度は石と化してこの石に近づくと人でも鳥獣でもすべて死んでしまう。そこで人々は殺生石と呼んで恐れていた。これを聞いた玄翁は人々の難儀を救おうと那須野に赴き、槌をもって一撃のもとにその石を粉砕した。以来、その怪異は起こらなくなったという。槌のことを「げんのう」というが、それはこの話に由来している。

十六の井

十六の井 海蔵寺境内の裏山に、十六の井と呼ばれる不思議な井戸がある。木の下道をたどった崖下にやぐらがあり、ふだんは頑丈な木の扉でふさがれている。寺に申し出て鍵を借り、中に入ってみると広さ八畳ほどの床に十六の穴が水をたたえている。奥の壁に阿弥陀三尊来迎図かはめこまれていたが、現在は鎌倉宝物館に移されている。寺では、十六の穴は十六菩薩の象徴、と説いているが、もともとは納骨のために掘っ

化粧坂切通し

たもので、それが地下水の水脈にぶつかり水が湧き出るようになったものらしい。

源氏山

景清の土牢　海蔵寺からもとの道を二百メートルほど戻ると、右手の谷間に切れ込んでゆく小路がある。鎌倉七切通しの一である化粧《けわい》坂切通しへの道である。

坂にかかる手前の左側に、半ば崩れたやぐらがあり、平家の部将悪七兵衛景清の土牢だといわれている。平家が壇ノ浦で滅びたのち、景清はひそかに仇敵頼朝の命を狙っていた。建久六年（一一九五）頼朝が奈良の大仏供養に赴いたところを刺そうとしたが、失敗して捕えられ、和田義盛に預けられた。その後、八田知家に預けられたが、もはや頼朝を倒す機会が永久に去ったことを悟った景清は、翌年、湯水を絶って自殺したという。あるいはまた、みずから両眼をえぐって失明したまま日向国（宮崎県）に流されたという。日向地方にも景清にまつわる伝説がある。

しかし鎌倉に幽閉されていたときの牢がこれだという確かな証拠があるわけではない。

化粧坂切通し　景清の土牢から先は化粧坂切通しの急坂にかかる。坂の途中に「化粧坂」と刻んだ碑が立っている。舗装もなく、鎌倉時代そのままの古道の趣きがある。

岩を削って通したこの切通しに、どうして化粧坂などという風流な名前がつけられたかは諸説あって明らかではない。平家の大将の首を実検するとき、ここで化粧をほどこしたからだともいい、樹木が鬱蒼と茂っているから木生《こは》え坂と呼んだものが訛ったのだともいう。また坂の上に遊女屋があって化粧した女たちが群れていたからだという説もある。いまは車も通さず、さびれ果てた散歩道になっているが、かつては鎌倉に入る主要道路だったのだから、ここに遊女屋があったとしてもおかしくはない。

元弘三年（一三三三）五月十八日、鎌倉に攻め寄せた新田義貞は、主力をひきいてみずから化粧坂に向かった。鎌倉方は金沢左近大夫が死力を尽して防戦し、四日間持ちこたえたと『太平記』は伝えている。

源氏山　化粧坂を登りつめると左手の高台が寿福寺の裏山にあたる源氏山で、あたり一帯源氏山公園になっていて、頼朝の像などもある。北に扇ケ谷、南に佐介ケ谷と相模湾が見渡せる景勝の地だ。

古くは武庫山、あるいは亀谷山などと呼ばれていたが、源頼義が前九年の役（一〇五一～六二）で奥州に赴くとき、この山に旗を立てて戦勝

葛原岡神社

を祈ったので旗立山ともいったという。寿福寺には源義朝の館もあり、源氏と深いゆかりのある山なので源氏山と呼ばれるようになったということだ。

葛原岡神社　公園の奥に進むと日野俊基の墓と俊基を祀る葛原岡《くずはらがおか》神社が鎮座する。俊基は後醍醐天皇の建武中興の礎《いしずえ》となった人物である。鎌倉幕府の打倒を悲願とする後醍醐天皇はひそかに謀《はかりごと》をめぐらしたが、正中元年（一三二四）幕府の知るところとなって天皇の側近日野資朝が佐渡へ流された。いわゆる正中の変である。ところが元弘元年（一三三一）になって再び天皇の密謀が露見し、やはり天皇の側近日野俊基が責任者として捕えられた。

俊基は鎌倉へ護送されたが、その東下りの一節は『太平記』随一の名文として知られている。

　落花の雪に踏み迷ふ、片野の春の桜がり、紅葉の錦衣《き》て帰る、嵐の山の秋の暮、一夜を明かす程だにも、旅寝とならば物うきに……

から始まり、東海道のさまざまな風物に俊基の悲痛な心情を託して、

　足柄山の頂より、大磯小磯見おろして、袖にも波はこゆるぎの、急ぐとしもはなけれども日数つもれば七月二十六日の暮程に、鎌倉にこそ着き給ひけれ。

日野俊基の墓

俊基が鎌倉に送られたのち、俊基に古くから仕えていた後藤左衛門尉助光は俊基の妻の悲しみを見かねて、妻の手紙を俊基に届けるべく主人の後を追って鎌倉に入った。俊基の消息をたずねて日を過ごすうちに、やがて俊基が処刑されるという噂が助光の耳に入った。おどろいて刑場の葛原ケ岡に駈けつけると、すでに大幕が引かれ、俊基は敷皮の上に坐らされて処刑寸前である。助光の必死の嘆願に警固の侍も心を動かされ、面会が許された。そこで主従は涙ながらに今生の別れを惜しみ、俊基は妻への返書と髪を助光にことづけた。

秋をまたで葛原岡に消ゆる身の
　露の恨みや世に残るらむ

これが俊基の辞世であった。俊基の墓は葛原岡神社の境内にある。楓の林に囲まれた高さ一メートルほどの宝篋印塔である。

しかし翌元弘三年五月、後醍醐天皇の悲願が実って、新田義貞の大軍がこの葛原ケ岡に押し寄せ、ついに鎌倉幕府を滅亡させるのである。地下の俊基はどんな感慨をもってその光景をみつめていたのだろうか。

銭洗弁天　葛原ケ岡は北鎌倉からの道、梶原からの道、尾根伝いに長谷大仏裏へのハイキングコース、化粧坂からのハイキングコース、それに佐介ケ谷からの道の交差点にあたっている。

銭洗弁天

唯一の舗装された道は佐介ケ谷へ下って行く道だが、その坂を下るとすぐ右側の崖にトンネルがある。銭洗《ぜにあらい》弁天の入口である。トンネルの上に、最近発見されたやぐらと石塔が立ち並んでいるのが見える。

暗いトンネルをくぐり抜けると、さらに信者から奉納された鳥居のトンネルがあり、三方を崖に囲まれた境内に出る。むかしこのあたりは「隠れ里」と叫ばれていたというが、いかにもその名にふさわしい雰囲気だ。

岩をくり抜いた洞窟の中に湧いている清水は銭洗い水と呼ばれ、鎌倉五名水の一つにかぞえられている。洞窟の最奥に弁財天が祀られている。岩の天井から無数の千羽鶴が吊り下げられ、立ちこめる香煙ともあいまって、まことに土俗的な雰囲気が漂う。

この銭洗い水で銭を洗うと、百倍、千倍になって戻ってくるという信仰があり、正月の三カ日や巳《み》の日には参詣者で境内がごった返す。子供が百円玉をざるに入れて洗っているのを見るのは微笑ましいが、なかには分厚い一万円札の束をビニールの袋に入れて水に浸けている人もいる。

由来記によると、保元、平治の乱のころから兵乱で人々の苦しむこと一方ならぬものがあった。頼朝が鎌倉に幕府を開いてからも飢饉があったりして民の苦しみは去らない。頼朝がそれを救おうと日夜、神仏に祈

鎌倉五名水
太刀洗い水
日蓮乞い水
銭洗い水
金龍水
甘露水

銭洗弁天の銭洗い水

っていたところ、文治元年（一一八五）巳《み》の年巳の月巳の日の夜、一人の老翁が夢枕に現われ、

「西北の谷に谷間から湧く神泉がある。そこは温神が隠れ住んで神仏の浄水を汲んでいる真神極秘の霊泉である。その水を汲んで用いれば人々はおのずから信心を起こし、悪鬼邪神もいつか退散し、天下はたちまち豊穣の栄えを見るであろう。われは隠れ里の主、宇賀福神なり」

と告げて姿を消した。そこで頼朝はこの泉を訪ね、宇賀福神を祀ったところ、天下はたちまち平穏になったという。

年移って正嘉元年（一二五七）執権北条時頼も頼朝の信心にならって巳月の仲秋にこの泉で銭を洗った。そこで人々も争って銭を洗うようになり今日に至っているということである。

佐助稲荷　岩のトンネルの右方に別の鳥居のトンネルがある。本来はこれが正規の参道である。その参道を下ると丁字路に突き当り、右に行くとまた鳥居の永い参道を経て佐助稲荷に突き当る。山ふところに抱かれた簡素な社殿が鎮まり、樹間に野生の栗鼠が出没するのが見られる。

頼朝がまだ伊豆の蛭ケ小島に流されていたころ、一人の老翁が夢に現われ、

佐助稲荷

「いまや奢れる平家のために世は乱れている。汝こそは清和源氏の嫡流であり、平家を討滅する天命を負っている者である。すみやかに兵を挙げ、天下を統一すべし。われは隠れ里の稲荷大明神なり、ゆめゆめ疑うべからず」

といって消え去せた。そこで頼朝は挙兵を決意し、ついに平家を滅して鎌倉に幕府を開いた。その後、隠れ里のあたりを家来に探させたところ、稲荷の小祠があったので、畠山重忠に命じて社殿を建立させた。それが佐助稲荷であるという。佐助というのは、頼朝が十三歳のとき任官して右兵衛佐《うひょうえのすけ》となったので、人々は頼朝を「佐殿《すけ》」と呼んだが、その佐殿を助けた稲荷なので佐助稲荷の名が生れたのだという。

佐助稲荷の裏から山道をたどって尾根に出ると葛原ケ岡からのハイキングコースになっている。右へ行けば葛原ケ岡、左に行けば長谷の大仏坂切通しに通じている。

鳥居のトンネルの参道を戻ると佐介ケ谷から笹目ケ谷の静かな住宅街を抜けて由比ケ浜大通りに出られる。春秋の行楽のシーズンには人の列の絶えない道である。

由比ケ浜から長谷・極楽寺へ

由比ケ浜

問注所跡と裁許橋　佐介ケ谷を海のほうに下って行くとまもなく広い十字路に出る。右と左にそれぞれトンネルが見える。左に行けば御成《おなり》トンネルを抜けて鎌倉市役所の前を通り今小路にぶつかる。それを右折すると黒門を構えた御成小学校があり、斜向いの角に鎌倉幕府の問注所跡の碑が立っている。

問注所というのは裁判所のことで、初めは幕府の郭内にあったが、正治元年（一一五九）四月一日、将軍頼家は人々が群らがってやかましいのを嫌い、この地に移したという。

門注所跡の先に佐助川の細流があり、そこに鎌倉十橋の一である裁許橋が架かっている。裁許というのは判決のことである。問注にたいする裁許ということだろうが、別に西行《さいぎょう》が鎌倉に来たときよくこの橋のあたりを通ったので「西行橋」と呼び慣わしたのが「さいきょ橋」になったのだという説もある。

問柱所跡（御成小学校）

和田塚

六地蔵　裁許橋から由比ケ浜大通りに出る角のあたりは芭蕉ケ辻と呼ばれ、六体の地蔵が並んでいる。ここは鎌倉時代の刑場の跡で「飢渇《けかち》畠《ばたけ》」といわれていた。問注所で判決を受けた罪人がここで処刑されたのだ。六地蔵はその人々を供養するために後世の人が安置したものだろう。かたわらに芭蕉の句碑が立つ。

夏草や兵《つわもの》どもの夢のあと

和田一族の最期　六地蔵から由比ケ浜大通りを横切って海のほうに行くと江ノ電の和田塚駅があり、そのすぐ左側に和田義盛一族の墓が樹蔭にたたずんでいる。和田塚という。

和田義盛は鎌倉幕府創立以来の功臣で、侍所《さむらいどころ》の別当として勢威があった。北条氏にとっては目ざわりな存在である。いつかは抹殺しようと機会をうかがっていた。

建保元年（一二一三）二月、北条氏を倒そうとする陰謀を露見し、その一味として義盛の子義直、義重と甥の胤長が捕えられるという事件があった。義盛の嘆願で二人の子は許されたが、甥の胤長は北条義時が許さず陸奥に流されてしまった。さらに義盛が拝領するはずだった胤長の邸を義時が横取りするということがあり、たまりかねた義盛はついに挙兵を決意する。しかし、これこそ北条氏の思う壺だった。

五月二日、義盛の一族郎党百五十騎は幕府に押し寄せた。北条氏をはじめ御家人たちは必死に防戦したが、豪勇をもって聞えた義盛の三男朝比奈三郎義秀がついに惣門を破って幕府内に乱入、火を放った。

炎上する明かりの中でその夜は双方とも一刻も休まず戦いつづけたが、三日の明け方になると、ようやく寡兵の和田勢に疲れが見えてきた。それでも和田勢はひるまず戦いつづけたが、夕刻になって義盛の四男義直が討たれ、気落ちした義盛も江戸能範《よしのり》に討たれた。年六十七であった。

五男義重、六男義信、七男秀盛も相次いで討たれ、嫡男常盛と三男義秀は、いまはこれまでと残兵をとりまとめ、いずくともなく逃れ去った。こうして和田一族の乱は終わった。戦後、義盛らの首は由比ケ浜に集めて晒されたが、その数は二百三十四にのぼったという。

明治二十五年、新道を造るためこの

由比ケ浜の海岸

塚の一部を掘ったところ多数の人骨が出てきた。おそらく和田合戦のときのものだろうということで碑が立てられたのである。

和田氏は三浦半島の大豪族三浦氏の一族である。三浦義明の長男義宗は鎌倉の杉本城主となって杉本太郎と称した。その子義盛は三浦郡和田に住んで和田氏を称した。本来ならば三浦氏は義盛に加勢すべきなのだが、保身のために見殺しにしたのである。そのために三浦氏は御家人の間で評判を落としている。

由比ケ浜　和田塚の前を過ぎてまっすぐ行くと由比ケ浜に出る。夏には海水浴客で浜辺は立錐の余地もなくなるほど賑わう。左方に材木座海岸から小坪の岬が張り出し、右方は稲村ケ崎、さらには遠く伊豆半島の山々がかすむ。晴れた日には正面に大島の噴煙を望むこともできる。

しかしこの美しい海岸には悲しい史話が伝えられている。義経の愛妾静御前が鶴岡八幡宮の社頭で舞ったことはすでに述べたが、その年（文治二年）七月二十八日、静は義経の男子を生んだ。女であれば生かしておいてもいいが、男子とあれば許しておけぬと、頼朝は家臣の安達新三郎を遣わして、泣き叫ぶ静の手から赤子を取り上げさせた。その子は無惨にも由比ケ浜の海中に投げ込まれたという。

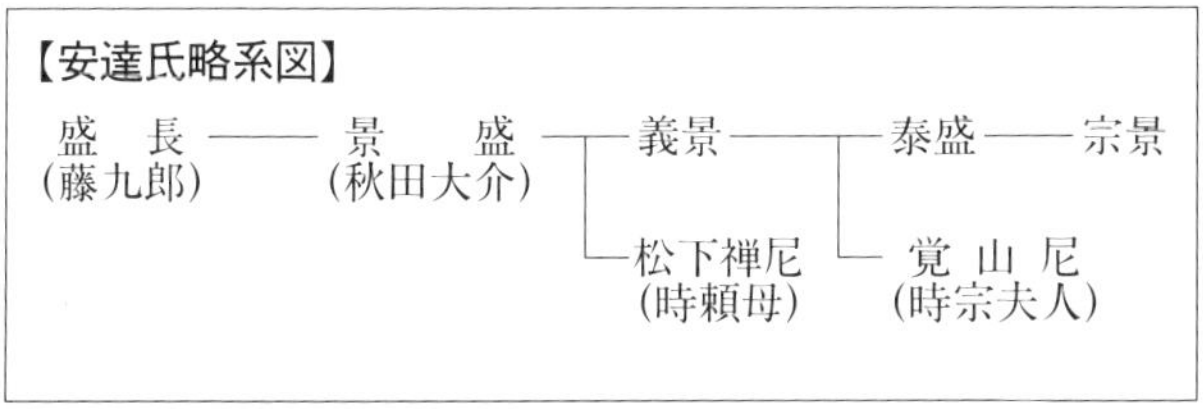

長谷のあたり

盛久頸座　同じく由比ケ浜で殺されるところを危うく助かった男もいる。平家の残党主馬八郎左衛門盛久は京都に潜伏していたが、たまたま清水寺へ参詣した折りに捕えられ、鎌倉へ護送されて由比ヶ浜で斬られることになった。

このとき盛久がはるか京の清水寺に向かって念仏をとなえたところ、首斬り役の振りかざした刀が折れるということがあった。この奇瑞に感じて頼朝は盛久を許したという。

由比ケ浜からもとの道を戻り、和田塚の手前の十字路を左に行くと由比ケ浜大通りに合流する。そこから少し右方の鎌倉駅方面寄りに五輪塔が数基立ち「盛久頸座」の碑が立っている。盛久がここで首の座に据えられたというのだが、往昔はこのあたりからもう由比ケ浜の海岸だったのかもしれない。

安達氏邸跡　盛久頸座から長谷方面に進むと、右側の消防署の角を入った奥に甘縄神社が鎮座する。天照大神を祀り、長谷一帯の鎮守になっている。源頼朝も三度ここに参詣している。社殿は御輿嶽《みこしだけ》の中腹にあり、そこから屋並みの向うに相模湾を見渡すことができる。

甘縄神社

この神社のあたりは、頼朝の蛭ケ小島時代から仕えた安達藤九郎盛長の屋敷跡だとされている。その功で安達氏は幕府内で重きをなし、源氏滅亡後は北条氏と結びついて家を保った。盛長の子景盛の娘、松下禅尼は北条時氏に嫁ぎ、五代執権時頼を生んでいる。

ある時、松下禅尼が部屋の障子の切張りをみずからやっているのを見た兄の義景が「そんな手間をかけるくらいなら、いっそ全部新しく貼り替えたらいかが」といった。すると禅尼は「どんなものでも修理して大切に使わなければいけないということを子供たちに教えるため、こうしているのです」と答えたという。質素倹約の手本のような女性である。この話は戦前の教科書にも載っていて有名だ。

安達氏は泰盛が御家人の代表格として信望を集めていたが、北条得宗家の内管領（執筆）である平頼綱と対立し、弘安八年（一二八五）十一月に武力衝突となって敗死した。これを霜月騒動と呼ぶ。

長谷観音　由比ケ浜大通りが長谷の十字路になるところでまっすぐ突っ切ると自然に長谷観音の門前に突き当る。正しくは海光山慈照院長谷寺という。本尊の十一面観音像は高さ十一メートルもあって日本有数の木像である。

奈良時代の初め、徳道という僧が諸国行脚の途中、大和の泊瀬《はせ》の山中

長谷観音

で霊木を発見し、その木を二つに切って二体の観音像を刻んだ。そして一体を泊瀬の長谷寺に納め、一体を大阪湾に流した。流れ流れて仏像は十六年後に三浦半島の長井に流れついた。天平八年（七三六）のことである。そこで徳道を招いて開山とし、当地に一寺を建立した。大和の長谷寺にたいし、こちらは新長谷寺と呼ばれたが、やがて単に長谷寺と呼ばれ今日に至っている。坂東三十三観音の第四番札所である。

山門をくぐると右手に八作弁天《はっさくべんてん》の洞窟がある。中に入ると三つの岩室が迷路じみた通路でつながり、石仏が安置されている。

参道の石段を登ると、途中に小さな地蔵が無数に立ち並ぶ一角がある。陽の日も見ずに死んだ赤子を供養するために、その母親たちが納めたもので、水子地蔵といわれている。

そこを上り切ると右手に鐘楼があり、文永の年号を刻んだ梵鐘が下がっている。名工物部季重の作とされ、円覚寺、建長寺の鐘と並んで物部三大古鐘の一つとして重要文化財に指定されている。その左方に本堂があり、本尊の十一面観音像が安置されている。暦応四年（一三四一）に足利尊氏が修理し、明徳三年（一三九二）に孫の義満が後光背を修理した。さらに江戸時代にも修復の手が加えられ、原形がかなり変えられてしまっているようだ。

光則寺

本堂の前を通って展望台に出ると、眼下の町並みの向うに由比ケ浜、材木座の海岸がひらけ、逗子、葉山から遠く城ケ島方面まで眺め渡すことができる。

海棠の光則寺　長谷観音から長谷十字路に戻る手前で左に入る路地があり、もう一本北側の道に抜けられる。それを左へだらだら坂を登って行くと突き当りが光則寺である。本堂の前にある海棠の老樹が実に見事だ。たった一本なのに、この花の盛りには境内のすべてが薄紅に染まるような気がする。海棠ばかりではなく早春には梅もいいし、秋には紅葉がまた見事である。

ここはもと幕府の御家人宿屋左衛門尉光則の屋敷であった。日蓮上人が『立正安国論』をこの光則を通じて幕府に呈上したことはすでに述べた。それが容れられず日蓮は伊東へ流され、さらにまた佐渡に流された。このとき日蓮の高弟日朗も捕えられ、光則の屋敷内の土牢に押し込められた。しかし光則もいつしか法華宗に帰依し、日朗を開山として自邸を寺に改めた。寺号はもちろん光則の名にちなんだものだ。

本堂の右手の山道をたどると岩をくり抜いた洞窟があり、日牢上人の土牢と伝えられている。

鎌倉の大仏　光則寺から長谷の四つ辻に戻り、左に行けば長谷の風物

鎌倉の大仏

詩になっている鎌倉の大仏の前に出る。鶴岡八幡宮とともに鎌倉の代表的な名所で、境内はいつも人であふれている。

　長谷観音の堂近く　露座の大仏おわします

と小学校唱歌「鎌倉」にうたわれた大仏は境内の中央に、ややうつむきかげんに座っている。座高はおよそ十一メートルで、奈良の大仏に次いで全国第二の大きさを誇る。拝観料を払うと胎内の階段を登り、背の窓から外を覗くことができる。

　かまくらのみほとけなれど釈迦牟尼《しゃかむに》は
　　美男におわす夏木立かな

と詠ったのは歌人与謝野晶子で、その歌碑が大仏の背後に立っているが、実はこの大仏、釈迦ではなくて阿弥陀仏である。

この寺は正しくは大異山高徳院浄泉寺と号し、寺伝では聖武天皇の開基、行基の開山といっているが明らかではない。確かな史料では、執権北条泰時のとき、浄光という僧が諸国を勧進して浄財を集め歩き、暦仁元年（一二三八）に大仏堂を建てはじめ、五年後の寛元元年（一二四三）六月十一日、大仏の開眼供養が行なわれていることがわかる。しかしこのときの大仏は木造だったらしい。

四年後の宝治元年（一二四七）この大仏は暴風雨のために倒壊したの

大仏坂切通し

で、建長四年（一二五二）に改めて金銅の大仏が鋳造されはじめた。しかしこのときの大仏は『吾妻鑑』の同年八月十七日の条に「金銅八丈の釈迦如来の像」とあって、現在の三丈七尺の阿弥陀如来像とは結びつかない。これはこの大仏にまつわる大きな謎である。

しかし大仏殿のほうは建武二年（一三三五）と応安二年（一三六九）の台風で倒壊、さらに明応四年（一四九五）の大津波で押し流され、以来、露座の大仏となってしまった。戦国時代にはこの胎内で賭博が行なわれていたという。

江戸時代に入って元和二年（一六一六）に平戸商館長となったリチャード・コックスは日記の中で、この大仏を見た印象を「世界の七不思議の一つとされるローズの像よりも大きいだろう。これだけ大きな像の銅を運ぶには三千頭の馬が必要だったと思われる。まことに驚くべきものだ」と述べている。そこには「その家は全く失われている」とも書いてあるから、要するに野ざらしだったわけだ。

その後、正徳二年（一七一二）に江戸の芝増上寺の祐天上人が開山となり、野島新左衛門泰祐が堂宇を整えたが、そのときも大仏殿までは再建されなかった。さらに明治になって、またもや大仏殿再建の動きがあったが、それも実現をみず、今日に至っている。

権五郎神社

大仏坂切通し　大仏の脇の道を藤沢方面に向かうと二つのトンネルが黒い口を開けている。これは新道で、トンネルの上に鎌倉七切通しの一つである大仏坂切通しがあった。トンネルの右側に階段があり、それを登ると尾根伝いに源氏山へのハイキングコースが通じている。その途中の右手下にちょうど背中を向けた大仏が見下ろせ「裏見の大仏」といわれている。

権五郎神社　トンネル方面と逆に長谷観音のほうへ戻り、四つ辻を過ぎると江ノ電長谷駅の前に出る。そこから線路ぞいに右に入り、丁字路を右折して線路を渡ると御霊神社、俗に権五郎神社がある。後三年の役で勇名を馳せた鎌倉権五郎景政を祀っているからである。

寛治元年（一〇八七）八幡太郎義家の麾下に加わった景政は清原氏のこもる金沢柵を囲み、十六歳の若さながら力を尽して戦っていた。ところが激戦のさなか、敵の矢に右の目を射抜かれた。景政は気丈にもその矢を折って射返し敵を仕止めた。

味方の陣に戻ると、三浦平太為次がおどろいて景政を仰向けに寝かせ、足で景政の顔を押さえて矢を抜こうとした。すると景政は下から小刀で為次を刺そうとしたので「何をする」と叫んだ。これにたいし景政は、「弓矢にあたって死ぬるは武士たるものの本懐である。しかし、生きながら顔を土足で踏まれるのは末代までもの恥辱だ」と答えた。そこで為次は非礼をわび、膝をかがめて顔を押さえ、矢を抜いたという。

境内には豪力の権五郎景政にちなむ袂《たもと》石と手玉石がある。

面掛行列　この神社の例祭は九月十二日から十八日まで行なわれるが、最後の十八日には面掛《めんかけ》行列という奇祭が催される。大きなお腹を抱えた孕女《はらみっと》を九つの舞楽、田楽の面をつけた男たちが守って歩いて行くのだが、見るからに奇怪で反面ユーモラスな行列である。

一説によると、女に手の早い源頼朝が技能集団の娘を孕ませた。そして彼女のもとにひそかに通う頼朝を彼女の仲間たちが護衛したというしきたりがこの奇祭になったのだというが、確かなことは分からない。

星月夜の井

極楽寺のあたり

星月夜の井　権五郎神社から極楽寺坂切通しへの道へ出る角に、江戸時代からつづいているという「ちから餅」の店がある。もちろん権五郎の怪力にあやかったものだろう。

それを右に行くと切通しだが、その手前右側に鎌倉十井の一、星月夜の井がある。星の井、または星月の井ともいう。むかし、このあたりは

極楽寺坂切通し

樹木が鬱蒼として昼も暗いほどだったので、星月谷と呼ばれていたのがのちに星月夜になり、井戸の名もそこから起こったというが、土地の伝えでは、往古は昼でもこの井戸の中に星が見えた。しかし近所の女が誤って包丁を井戸に落してからは、星影が見られなくなってしまったということである。

　奈良時代の天平二年（七三〇）諸国行脚中の行基菩薩がここを通りかかると、七夜にわたって井戸の中で星が輝いた。そこで行基はこれこそ虚空菩薩の奇瑞であろうと、井戸のかたわらの堂に一体の虚空蔵像を納めたという。その虚空堂が井戸の脇の石段を登ったところにある。

極楽寺坂切通し　星月夜の井の先が鎌倉七切通しの一、極楽寺坂切通しである。これは新道で、本来の切通しはもっと急坂で狭かった。坂の途中左側に石段があり、それを登って行くと弘法大師霊蹟の成就院という古刹があるが、この寺のあたりが本来の切通しの高さだという。

　この切通しは極楽寺開山の忍性菩薩が拓り開いたと伝えられ、江ノ島、腰越方面から鎌倉に入る重要な道であった。元弘三年（一三三三）新田義貞が鎌倉に攻め込んだとき、幕府方は大仏陸奥守貞直を大将としてここを固め、新田方の大館宗氏を討ち取るほど善戦している。ようやく人一人が通れるほどの道だから、新田方がいくら大軍であっても突破する

極楽寺山門

ことはむずかしかったのだ。

上杉憲方の墓　成就院の前を通って坂を下ると右下の切通しに合流する。その左手の人家の間を入ったところに上杉憲《のりかた》方の墓と伝える七層塔がある。鎌倉末期の様式を示すもので国の史跡に指定されている。

足利尊氏が次男の基氏を鎌倉に下して鎌倉公方とし関東を支配させたことはすでに述べたが、二代氏満は鎌倉公方の座が不満で、将軍の地位を狙おうとした。そこで補佐役の関東管領上杉能春は康暦元年（一三七九）自殺して氏満を諫めた。

能春の跡をついだ弟の憲方は、氏満の不満を西方の京へではなく、関東、奥羽に鉾先を向けることで解消しようと努めた。主な戦いでは下野の小山氏討伐が知られる。その結果、明徳三年（一三九二）には関八州に加えて陸奥、出羽の二国が鎌倉公方の支配下に入っている。

憲方はその翌年、管領職を子の憲孝にゆずって出家し、道合と称した。そして翌応永元年（一三九四）六十歳で世を去った。

憲方の墓とは切通しをはさんで反対側の民家の庭に、憲方の逆修塔と伝える宝篋印塔がある。逆修塔とは生前にあらかじめ自分の冥福を祈って建てる供養塔のことで、これは憲方夫人が康暦元年（一三七九）に建立したものと伝えられる。

忍性菩薩の墓

極楽寺　切通しを抜けると江ノ電の線路の上に朱塗りの桜橋が架かっている。それを渡って線路ぞいに左に折れると、すぐ右が極楽寺だ。有名な寺のわりには山門もささやかで、その奥の釈迦堂もこぢんまりしている。

この寺は三代執権北条泰時の弟重時が忍性菩薩を開山として正元元年（一二五九）に開基し、重時の子で六代執権の長時が完成させたものという。十三重塔をはじめ七堂伽藍をととのえ、塔頭も四十九をかぞえる大寺院であった。しかし元弘三年（一三三三）の新田義貞の鎌倉攻めと、それに次ぐ翌建武元年の中先代の乱の戦火で、ほとんどが焼失してしまった。以後、幾度か再建されながらも火災や地震にあって衰微の一途をたどり、現在に至っている。

堂塔の失われた寂しさを救っているのは境内の花の美しさだ。特に山門から本堂への桜並木が見事な四月には、八日に秘仏の釈迦像が公開されることもあって訪う人が多い。

忍性菩薩の墓　極楽寺開山の忍性の墓が、寺の背後の稲村小学校校庭裏にある。高さ三メートル半ばかりの巨大な五輪塔である。関東では最大の供養塔で国の史跡に指定されている。

忍性は建保五年（一二一七）大和国磯城《しき》郡に生まれた。六歳のとき母

十一人塚

の死にあって出家し、東大寺で受戒したのち西大寺で叡尊について修行し、真言律宗の名僧と仰がれるようになった。

弘長元年（一二六一）鎌倉に下って北条重時、長時父子の帰依を受け、文永四年（一二六七）からは極楽寺に常住した。そして忍性は社会事業家としても優れた業績を残している。貧しい人々のために施薬院や療病院を建て、道路をつくり、橋を架けた。極楽寺坂切通しの開通などもその一つである。

忍性がこうした活動ができたのも、時の権力者である北条氏の帰依を受けたからであった。そのころ日蓮も鎌倉で布教活動をつづけていたが、日蓮がもっとも目の敵にしたのは忍性だった。これにたいし忍性は幕府への訴訟で対抗し、その結果日蓮は佐渡へ流されることになるのである。

晩年、忍性は中央に帰って東大寺や四天王寺の主務などを勤めたが、再び鎌倉に下って嘉元元年（一三〇三）極楽寺で入寂した。年八十七。

阿仏尼旧宅跡　桜橋まで戻って江ノ電極楽寺駅前を通り過ぎると極楽寺川の細流に鎌倉十橋の一、針磨《はりすの》橋が架かっている。

そこを右に折れ、江ノ電の踏切を渡ると左側に阿仏尼旧蹟の碑が立っている。この道の奥は忍性の墓のある山に通じていて、月影ケ谷という風流な名がある。阿仏尼の『十六夜日記』に「東《あずま》にてすむ所は月かげのやつとぞいふなる。浦近き山もとにて、風いとあらし。山寺の傍なれば、長閑にすごして、浪の音、松の音絶えず……」と記されているのがここだ。

　阿仏尼が土地争いの訴訟で京から鎌倉へ下って来た事情については浄光明寺の項で述べたが、結着のつかないままに弘安六年（一二八三）に死んでいる。

稲村ケ崎

稲村ケ崎

十一人塚　針磨橋の先で道は江ノ電ぞいになり踏切を二度渡ると左側に数基の墓石が立ち並ぶ一角がある。元弘三年（一三三三）に鎌倉を攻めた新田義貞の部将、大館次郎宗氏一族の墓所である。極楽寺坂を守っていた幕府方の大仏貞直の家臣に本間山城左衛門という者があった。主人の勘気をこうむって謹慎中の身だったが、五月十九日の合戦で幕府方が危うしと聞くと、郎党百人をひきつれて極楽寺へ駈けつけ、大館の陣中に突入して宗氏の首級を挙げたのであった。
稲村ケ崎古戦場　化粧坂切通しを攻撃中だった新田義貞は、大館討死の報に接すると主力をひきいて極楽寺坂へ転じてきた。月の光に幕府方の陣を見渡すと、南は稲村ケ崎から北は極楽寺坂切通しまで数万の軍勢

稲村ケ崎古戦場碑

がみちみちている。しかも海上には軍船がつらなり、蟻一匹通さぬ構えである。

このとき義貞は稲村ケ崎の岩上に立ち、黄金造りの太刀を捧げて、

「願わくば竜神、この義貞の忠心をあわれみたまい、潮を万里の外に退け、道を三軍の陣に開かしめたまえ」

と祈願し、海中に投げ込んだ。すると見る間に潮が引いて稲村ケ崎の海岸が干上がった。この機を逃さず義貞の軍勢は干潟を真一文字に駈け抜けて鎌倉市内に乱入したという。

もっとも、このとき義貞はあらかじめ引き潮の時刻を知っていて、それに合わせて一芝《ひと》居うったのだという説もある。

十一人塚のすぐ南が七里ケ浜の湘南道路である。左に真近く稲村ケ崎が海に突き出し、右方には遠く江ノ島が浮かんでいる。

湘南道路は稲村ケ崎の根元を断ち切る形でのびている。これは戦時中に切通したもので、それまでは江ノ島方面から鎌倉に入るには極楽寺切通しを抜けるよりしかたがなかったのだ。おそらくは軍用道路として造られたこの湘南道路も、いまでは観光道路となって休祭日にはマイカーが数珠つなぎになるほどの混雑ぶりだ。

小学校唱歌「鎌倉」の冒頭に、

七里ケ浜

七里ケ浜の　いそ伝い
稲村ケ崎　名将の
剣《つるぎ》投ぜし　古戦場

とうたわれた稲村ケ崎もすっかり公園化されて「新田義貞徒渉伝説地」の碑の由来も知らぬ若い人々が芝生の上で群れ遊んでいる。

七里ケ浜　稲村ケ崎から腰越の小動《こゆるぎ》岬までのゆるく弓なりになっている海岸が七里ケ浜である。しかし実際には二・五キロで、七里（約二十八キロ）というには遙かに短い。この海岸は波が荒くて遊泳禁止になっており、明治四十三年一月に逗子開成中学の生徒十二人がヨットで乗り出し、この沖で遭難している。

真白き富士の嶺　緑の江ノ島
仰ぎ見るも　今は涙

という「七里ケ浜の哀歌」で知られる事件である。この十二人の霊を弔う記念像が公園の一隅に立っている。

七里ケ浜ぞいに湘南道路と併行して走る江ノ電は、これも鎌倉の風物詩である。鎌倉駅から家の軒と軒の間をすり抜けるように走り出す電車は、野趣あふれる極楽寺のトンネルをくぐると、ほどなく左手にひろびろとした相模湾を眺めながらトコトコ走る。まことにのどかな光景だ。

満福寺

腰越から江ノ島へ

腰越のあたり

小動岬　江ノ電で七里ケ浜を江ノ島方面に走ると、江ノ島の手前に突き出した岬がしだいに近づいてくる。小動岬である。岬に近い浄泉寺の縁起によると、岬に生える老松が風もないのに枝葉をゆるがせ、妙なる松籟をひびかせることから、その松を「小動の松」と呼ぶようになったという。小動の地名はそこから起こったというのだが、ほかにも諸説あって明らかではない。

岬の突端に文治年間（一一八五〜八九）に京都祇園社から勧請された牛頭《ごず》天王を祀る小動神社がある。その社殿の背後の断崖上から眺める江ノ島は遠からず近からず、一幅の絵のような美しさである。

腰越状の満福寺　江ノ電腰越駅で降り、鎌倉方面に少し戻って左側の露地を入ると、突き当りの石段の上に山門が建ち「義経腰越状旧跡、満福寺」と記した札が門柱に掲げられている。天平十六年（七四四）行基菩薩の開山になるという古刹だ。いまはさして大きな寺ではないが、源

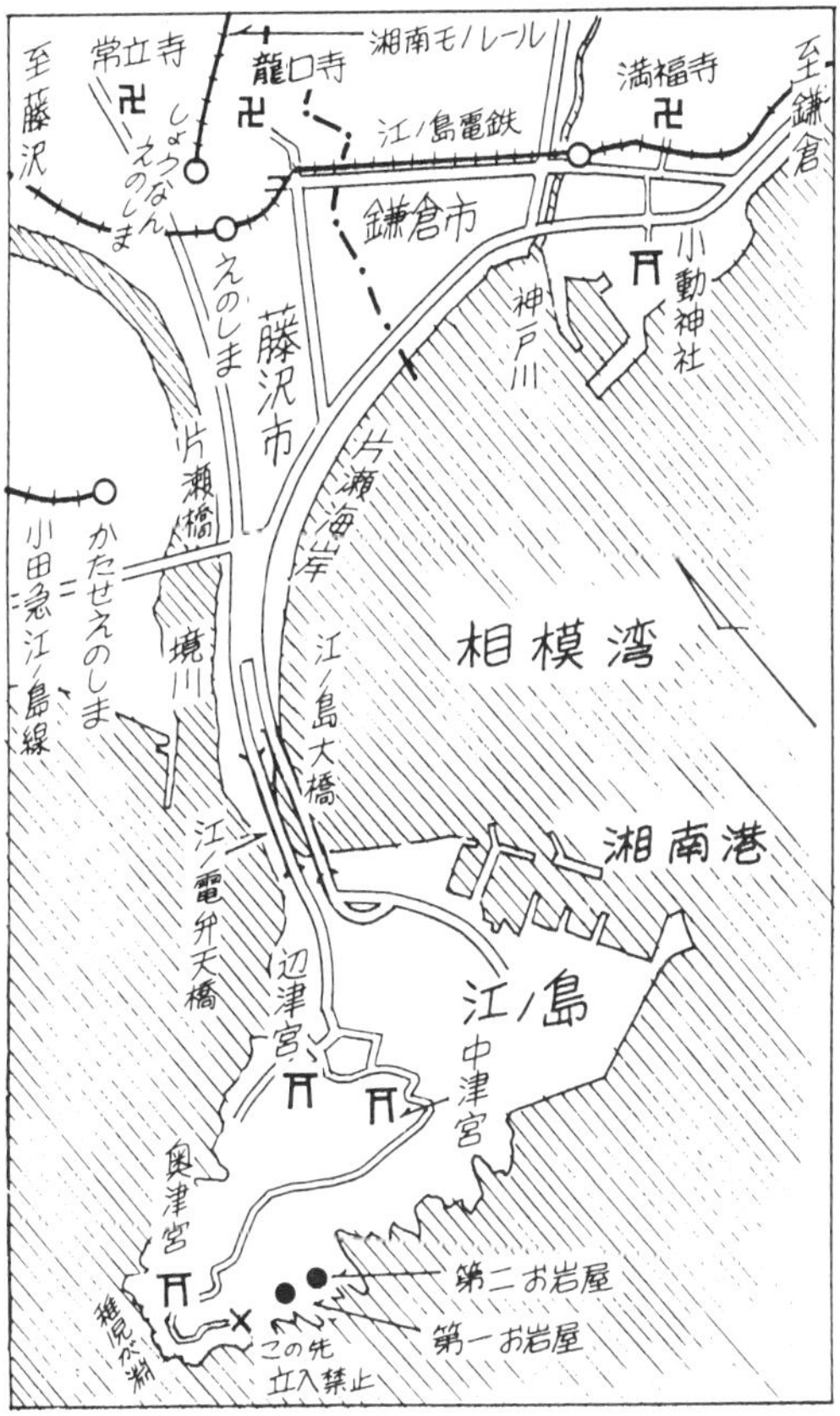

義経が腰越状を書いたところとして知られている。

文治元年（一一八五）五月、平家を壇ノ浦に滅した義経は平宗盛、清宗父子らの捕虜を伴って鎌倉に凱旋して来た。ところが兄の頼朝は、義経に戦勝を奢る態度があるのに不快の念を抱き、また義経と仲の悪い梶原景時の告げ口もあって、義経の鎌倉入りを許さなかった。義経は腰越まで来て、鎌倉を目前にしながら足止めをくったのである。

当時、腰越は鎌倉の西の関門として宿駅が設けられていた。いわば江戸における品川宿のような存在だった。ここで空しく日を過ごして十日後に義経は公文所別当の大江広元あてに一通の書状を送り、頼朝に愁訴に及んだ。

弁慶の硯の池

この書状を世に「腰越状」という。

「恐れながら申し上げる趣旨は、かたじけなくも鎌倉どのの御代官の一人に選ばれ、御白河法皇の御使として朝敵を平らげ、父祖代々の敗戦の恥を雪《すす》ぎました。当然恩賞の沙汰が行なわれるべきところ、意外にも佞《ねい》人《じん》の讒言によって莫大な勲功を黙殺され、過ちもないのに咎めを受け、むなしく血涙にむせんでおります……」

といった書き出しの長文の手紙は、義経の二心ない真情を切々と訴えた格調の高い文章である。

この手紙を浄書したのは弁慶だといわれ、満福寺にはその下書きと称するものや、弁慶が墨をするのに用いたという硯の池なども残っている。

この腰越状をもってしても頼朝の怒りはとけず、やむなく義経は京へ引き返す。やがて幕府の追及を受け、奥州平泉に落ちのびた末、文治五年（一一八九）藤原泰衡の軍勢に囲まれ、三十一歳で波乱の生涯を閉じるのである。

竜口寺　満福寺の前の通りを江ノ島方面に行くと、江ノ電の路面線路が大きく左へ曲がる丁字路に出る。その丁字路を見下ろすように山門をそびやかしているのが竜口寺である。

極楽寺の忍性の訴えによって捕えられた日蓮は文永八年（一二七一）

竜ノ口刑場跡

九月十二日の夜、腰越の竜ノ口の刑場で斬られることになった。あまたの信者たちが「南無妙法蓮華経」と題目を唱える中で日蓮が首の座に座ったとき、一条の怪しい光が夜空を駆け抜けた。首切り役の越智の三郎をはじめ、警固の役人たちは目がくらみ、蜘蛛の子を散らすように逃げ出した。もはや役人たちには日蓮を処刑する勇気はない。事の次第を幕府に報せたところ、急遽、処刑を取り止め佐渡へ配流と変更になった。これを竜ノ口の法難という。

日蓮の没後、弟子の日法はこの法難記念の地に一字の堂を建て、みずから刻んだ日蓮像を安置した。これが竜口寺の起こりで延元二年（一三三七）のことである。

境内に刑場跡の記念碑が立ち、日蓮が座ったという敷皮石もある。このあたりが竜ノ口の刑場だったとすれば、むかしはもっと海が迫っていたのかもしれない。

なお、この竜口寺には五重塔があるが、鎌倉の寺で五重塔があるのはここだけである。

常立寺　竜口寺の周辺には八つの竜口山と号する寺があって、順番で竜口寺を守っている。これを輪番八カ寺という。法源寺、勧行寺、本成寺、妙典寺、東漸寺、本竜寺、常立寺、本蓮寺がそれである。

常立寺のモンゴル国使の墓

このうち、常立寺は蒙古塚があることで知られている。文永十一年（一二七四）の第一次日本遠征に失敗した蒙古（元）は建治元年（一二七五）杜世忠ら五人を国使として日本に派遣し、再度服属を求めた。しかし執権北条時宗は竜ノ口でこの五人を斬り捨てた。国使を斬るとは国際ルール違反のような気もするが、時宗としては断固たる決意を示したのであろう。

竜口寺の前を過ぎて湘南モノレール江ノ島駅のところを右に入ってゆくと常立寺で、本堂の横に杜世忠らの墓が並んでいる。かたわらに元使の辞世の詩を刻んだ碑が立つ。

江ノ島

江ノ島縁起　常立寺から江ノ電江ノ島駅の前を通って土産物屋の並ぶ露地を抜けると江ノ島海岸が眼の前にひらけ、正面に江ノ島が浮かんでいる。島へは車道の江ノ島大橋と歩道の弁天橋が通じている。以前は本橋で渡り銭を取った。ところどころ板に穴があいていたりして、いかにも桟橋といった感じだったが、いまはコンクリート橋になっている。橋を渡った左方はヨットハーバーで、無数の帆柱が林立している。

『江島縁起』によると、神話時代の開化天皇の六年四月、天地にわかかに

江の島全景

鳴動してこの世の終わりがきたかと思われたとき、雲間から弁財天が出現、それとともに海中から土石が盛り上がって島になった。それが江ノ島だと伝えている。地質学では、この島は地殻の変動で隆起したと説いているから『縁起』は部分的には真実を伝えているのかもしれない。

ともあれ、この島に古くから祀られている弁財天は竹生島、厳島と並んで日本三大弁天として人々の信仰を集めてきた。

辺津宮の裸弁天　橋を渡って正面の坂道は両側から土産物屋が軒をせり出し、いつも観光客で賑わっている。そこを抜けると田寸津比売命《たきつひめのみこと》を祀る辺津宮、通称下の宮である。先の江ノ島弁天はここに安置されており、社務所に申し出ると拝観することができる。琵琶を抱えた、一糸まとわぬ裸の弁天さまで、乳房から秘部までまことにリアルに刻まれている。

中津宮　辺津宮から石段と坂道を登ると市寸島比売命《いちきしまひめのみこと》を祀る中津宮がある。麓からここまでの坂はかなりきついが、辺津宮の下から中津宮までは三段のエスカレーターがあるので、これを利用すると楽だ。

中津宮は仁寿三年（八五三）に慈覚大師が創建したという古社である。現在の社殿は江戸時代の元禄二年（一六八九）の再建で朱塗りの権現造りで華やかなものだ。

江の島奥津宮

中津宮からさらに少し登った熱帯植物園のあたりが江ノ島の最高所で、高さ五十三・七メートルの灯台がそびえている。展望台を兼ねていて、エレベーターで登れる。西は富士、箱根、伊豆半島、東は鎌倉、三浦半島の先端城ケ島方面、南に大島を望む雄大な景観は湘南随一である。

奥津宮　植物園の先で道は少し下りになるが、途中、左側が断崖になっていて、眼下に岩に砕け散る波浪が見える。そこからまた土産物屋が軒をつらね、そこを抜けると多紀理毘売命《たきりひめのみこと》を祀る奥津宮である。石の鳥居は養和二年（一一八二）源頼朝が参拝の祈りに献造したものだという。

多紀理毘売命、市寸島比売命、田寸津比売命の三柱の女神は須佐之男《すさのおの》命《みこと》の娘で、いずれも海の女神である。もともとは海上の守護神として信仰されてきたものであろう。辺津、中津、奥津の三社を総称して江ノ島神社と呼んでいる。

稚児ケ淵　奥津宮の先で急な石段を下り切ると海に突き出した変化に富んだ岩場で、稚児ケ淵と呼ばれている。むかし、江ノ島に白菊という美少年が住んでいた。それを見染めた建長寺の自休という僧が言い寄ったが、白菊は相承院の僧正の世話を受けていたので、自休の愛を受け入れることができない。板ばさみになった白菊は、

稚児ケ淵

白菊のしのぶの里と人問はば
　思い入江の島と答えよ
憂きことを思ひ入江の島かげに
　すてる命は波の下草

という辞世を残して、この岩場から海中に身を投じて死んだ。それを知った自休も、

　白菊の花のなさけの深き海に
　　ともに入江の島ぞうれしき

という歌を詠んで、やはり海に身を投げて白菊の後を追ったという。同性愛の悲恋物語がこの岩場に秘められているのである。

岩場の先に洞窟があって、例の裸弁天は本来その中に祀られていたものだ。しかしいまはこの洞窟は立入禁止になっている。洞窟の前の岩場は魚板岩、蛇巻岩などという名がつけられ、さざえを焼いて食べさせる店なども出ている。岩角に砕ける波しぶきを眺めながら食べる潮の香りの濃いさざえの味はまた格別である。

鎌倉人物点描

源頼朝

〝鎌倉殿〟の誕生

頼朝が挙兵したのは治承四年（一一八〇）八月のことだが、一度は石橋山で敗れた頼朝は房総に逃れて再起し、関東一円を席捲《せっけん》して鎌倉に入った。次いで富士川の合戦で平家の大軍を撃破すると、その勢いに乗じて京に攻め上ろうとしたが、千葉常胤、上総介広常、三浦義澄らの挙兵以来の功労者たちが、まず東国の足場を確固たるものにするのが先決と説いたので、その言を容《い》れて鎌倉に引き返した。

同年十二月十二日に鎌倉大蔵の館が完成し、頼朝は多くの武士を従えて入居式を行なった。頼朝のもとに馳せ参じた坂東《ばんどう》武者らは侍所に詰め、武士を統率する役目の侍所の別当（長官）に抜擢された和田義盛が出席者を記録した。この侍所が鎌倉政権の最初の行政機関だった。

鎌倉殿頼朝に面謁して臣従を誓った武士は御家人と呼ばれた。御家人になれば彼らの所領は安《あん》堵《ど》される。東国の武士らにとって、先祖伝来の土地は彼らの命である。その本領を安堵したり、新たな土地を恩賞として与える権力を頼朝は持ったのだ。このとき関東に武士による初めての地方政権が誕生したといえよう。

頼朝が東国の地固めをしている間に、頼朝と前後して信濃に挙兵した木曽義仲は寿永二年（一一八三）五月に越中と加賀の境にある倶利伽羅《くりから》峠で平家の大軍を破り、怒濤の勢いで京に迫って平家を都から追い落とした。

しかし、入京した義仲の軍勢は略奪、暴行をほしいままにし、たちまち都の人心を失ってしまった。後白河法皇はその義仲に平家追討を命じて都から遠ざけ、その上で鎌倉の頼朝に速やかな上洛を促した。

頼朝は上洛は拒否したが、「東海・東山道の国衙《こくが》（諸国の政庁）領や荘園の年貢は元通り国司や本所に納めよ。これに従わぬ者があれば頼朝に連絡して命令を実行させよ」という趣旨の勅令を出していただきたいと要請した。

当時、国衙領や荘園は在地武士らに横領され、本来の領主だった公卿たちは、年貢が滞って困っていた。それを頼朝が回復してくれるというのだから、この提案は熱烈な歓迎を受け、すぐさま頼朝の要請にそった勅令が公布された。「寿永二年宣旨《せんじ》」と呼ばれるのがこれだ。

源 頼朝

このときの頼朝の真の狙いは、年貢進上という餌をちらつかせて、自分が東国の支配者であることを朝廷に認めさせることにあったのだ。そして頼朝のもくろみ通り朝廷はそれを認知したのである。
頼朝はただちにこの宣旨にそって、年貢を京に運ぶという名目で弟の範頼と義経を上洛させた。そして翌寿永三年（元暦《げんりやく》元年・一一八四）正月、範頼・義経は木曽軍と衝突、義仲は大津の琵琶湖畔で敗死する。そして翌二月には神戸まで失地回復していた平家軍も義経の一ノ谷の奇襲攻撃を受けて敗れ、四国へ逃れ去った。

真の敵は京都政権だ

この間、東国政権を全国政権にする道を歩む頼朝を支えていた優秀な官僚群がいた。なかでも出色なのは大江広元と三善康信だ。都では下級公家としてウダツの上がらなかった二人は、新興の鎌倉で手腕を振るおうと一ノ谷合戦後に鎌倉に下ってきた。そして、その年十月に政務一般を司る公文所と訴訟関係を扱う問注所が設けられると、大江広元は公文所別当（長官）に、三善康信は問注所執事（長官）に任じられている。これと和田義盛が別当となっている侍所が鎌倉政権の三本柱だった。

さらに、その頂点にいる頼朝の秘書的な存在として中原親能《ちかよし》を長とする公事《くじ》奉行人のグループがあった。侍所の和田義盛を除いて、あとはすべて京から下ってきた人々である。この時期、荒くれの坂東武者にはまだ行政能力が備わっていないのだから無理もない。

元暦二年（文治元年・一一八五）正月、義経の活躍によって平家は屋島の陣を破られ、三月には壇ノ浦で滅亡した。これによって鎌倉政権に武力で対抗する勢力は消滅した。しかし、武家政権の確立をめざす頼朝は、真の敵は同じ武家の平家ではないことを見抜いていた。鎌倉にとっての真の敵、それは後白河法皇を頂点とする京都政権なのだ。

頼朝が「御家人たちの任官は鎌倉に無断で行なわないでいただきたい」と朝廷に強く申し入れているのも、武士と朝廷の間を遮断し、御家人たちの賞罰の権限を一手に掌握しようとする意志の表われだった。ところが後白河法皇は勝手に義経を検非違使《けびいし》・左衛門少尉《さえもんのじょう》に任じ、昇殿まで許した。これは鎌倉の頼朝に対する挑戦であった。法皇としては義経に肩入れして鎌倉への対抗勢力を培おうとしたのだ。朝廷の常套手段である。

頼朝の怒りは、それに気づかぬ義経に向けられた。頼朝としては、身内の義経が禁を破ったのをほかの御家人の手前もあり、見過ごすことはできない。平家の捕虜を護送して鎌倉に下って来た義経は、平家討滅という大功を立てながら、鎌倉の手前の腰越に足止めされ、頼朝に会うことも許されずに京に引き返した。そして法皇から頼朝追討の宣旨を得て西国で再起しようとしたが、船が難破して僅かな従者とともにいずこともなく身を隠した。

義経が頼朝追討の宣旨を受けたとの報が鎌倉に伝わると、頼朝はただちに北条時政を代官として上洛させた。時政は頼朝の舅として挙兵を助けた功労者だったが、頼朝が鎌倉入りしてからはほとんど出番がなかったのだ。時政は張り切って大軍をひきいて都に入った。

頼朝と対立した後白河法皇

恐れをなした後白河法皇は、たちまち頼朝追討の宣旨を義経追討の宣旨に切り替えた。この無定見ぶりに怒った頼朝は後白河法皇を「日本一の大天狗」と罵ったという。

ここで時政は頼朝に命じられてきた要求を持ち出す。それは、「謀反人義経の行方を探索するために全国に守護・地頭を置かせていただきたい」というものだった。村や郷を支配する地頭を全国隈《くま》なく配置し、その上に一国を支配する守護を置くというのである。もちろん守護・地頭は年貢を徴収する権限を持つ。そうなれば頼朝が完全に全国の支配権を握ることになり、朝廷の権威などは煙のように消えてしまう。

事の重大さは分かっていても、すねに傷持つ朝廷はやむなく受け入れた。こうして頼朝はついに全国政権の主となったのである。そこで鎌倉幕府の成立の時期を、この守護・地頭設置の時とする説もある。

頼朝はかねてから武家の棟梁の称号である征夷大将軍の宣下を幾度か朝廷に奏請していたが、後白河法皇が頑として承知しなかったため実現しなかった。しかし建久三年（一一九二）三月に法皇が崩じたことによって、同年七月、ついに頼朝は念願の征夷大将軍に任じられた。この年は西暦をもじり「イイクニつくろう」などと語呂あわせされているが、長く実体のない朝廷の権威に抑圧されつづけてきた武士階級にとって、この鎌倉幕府の樹立は、まさに「良い国」の誕生であった。

頼朝の死の謎

鎌倉市の清泉女学院北側の大倉山中腹に「英雄墓は苔むして」と小学校唱歌にうたわれている源頼朝の墓がある。二メートル足らずの五輪塔だが、明治維新に至るまでの約六百九十年の武家政治の基礎を築いた英傑の墓というには、あまりにも侘しいたたずまいだ。

頼朝は正治元年（一一九九）一月十三日に死んだ。五十三歳だった。御家人の稲毛重成が亡妻の供養のために相模川に橋を架けた。頼朝はその橋供養に出かけての帰り、稲村ケ崎で落馬し、それが原因で死んだというのが定説になっている。

しかし奇妙なことに鎌倉幕府の公式記録ともいうべき『吾妻鏡』には、頼朝の死に関する記事がない。建久七年（一一九六）正月から頼朝の死んだ正治元年まで三年間の記事がすっぽり欠落しているのだ。

しかし仏事の記事はある。正治元年三月三日に四十九日の、同年四月二十三日には百カ日の、翌二年正月十三日には一周忌の仏事が行なわれている。「北条殿以下の諸大名群参して市をなす」とあるから、盛大な仏事だったのだろう。仏事の記録がありながら、肝心の死の記録がないというのが不思議だ。

ところが、それから十三年も経った建暦二年（一二一二）になって、『吾妻鏡』に頼朝が落馬したのちに死んだという記事が突然現われる。すでに将軍は三代実朝になっているころだ。

それによると、同年二月二十八日、相模川に架かる橋が朽ち崩れたので重臣の三浦義村から架け替えの儀が提案された。そこで北条義時、大江広元ら重臣が集まって相談した。そして結論として、

「去る建久九年、稲毛重成がこの橋を新造して橋供養をしたとき、故将軍頼朝公が渡御され、その帰り道で落馬し、幾程を経ず薨去された。重成もまたのちに殺されている。あまり縁起がよくないので、架け替えは見合わせよう」

ということになり、将軍実朝に報告したところ、実朝からは、気にせず修復せよとの沙汰があったというのだ。この記事で見るかぎり、頼朝が落馬してから暫くして死んだということは分かっても、落馬そのものが原因と結論づけることはできない。

なお、稲毛重成が殺されたというのは元久二年（一二〇五）六月に畠山重忠・重保父子が鎌倉で誅殺されたときのことだ。畠山父子は謀反の疑いがありという重成の讒言で誅されたのだが、『吾妻鏡』によれば「今度合戦の起こりは、ひとえに重成法師が謀にあり」として重成も責任を負わされ殺されている。しかし実際は有力御家人の畠山氏を抹殺しようとした北条氏の陰謀だった気配が濃厚だ。

室町時代に書かれた『保暦間記』では落馬には触れず、頼朝の死は怨霊のたたりだとしている。頼朝が橋供養の帰り、八的ケ原（神奈川県藤沢市）というところにさしかかると、かつて頼朝が滅ぼした身内の弟義経や叔父行家らの亡霊が現われ、すさまじい形相で頼朝を睨みつけた。頼朝がそれにかまわずなおも馬を進め稲村ケ崎にさしかかると、今度は海上に十歳ほどの童子が現われ、「汝をかねてから狙っていたのだが、ようやく見つけたぞ。われこそは西海に沈んだ安徳天皇である」といって掻き消えた。その直後から頼朝は病いにかかり、ついに死んだという。つまり頼朝が滅ぼした人々の怨霊にたたられての死というわけだ。

さらにこれが江戸時代に書かれた『盛長私記』あたりになると、怨霊・落馬のミックス説に発展する。橋供養がもうすぐ終わろうとするとき、天候がにわかに変わり、強い南風が吹き、黒雲があたりをおおって闇夜のようになった。雷がとどろくうちに、雲間に甲冑を着た者どもが光を背に現われた。

頼朝の乗っていた馬が雷の音におどろいて一散に走りだしたため、頼朝は川原に投げ出され、石に強く当たったために絶命した。馬はなおも止まらず相模川に駆け込んだので、以来、世の人はこの川を馬入《ばにゅう》川と呼ぶようになったという。ちなみに、現在も馬入川は相模川の異名になっている。

こんな俗説が流布するというのも、結局は『吾妻鏡』に頼朝の死に関する記事がないからだといえよう。

そして『吾妻鏡』が執権北条氏の正史だという点を考えると、この記録欠落にはなにか北条氏にとって都合の悪い事情があるのではないかという推測もでてくるわけだ。

伊豆の小豪族にすぎなかった北条氏は流人だった頼朝を担いで世に出し、みずからも世に出た。北条時政・義時父子にとって頼朝は世に出る道具だった。北条氏の一連の動きをみてゆくと、鎌倉幕府内の独裁権を握ろうとしている気配が顕著だ。そのためには現在の独裁者の頼朝は邪魔な存在でしかない。

事実、頼朝が死んだあと、北条氏は二代頼家のときには重臣による合議制、三代実朝のときには北条氏の独裁をかちとっているのだ。その前段階として、頼朝の死に北条氏がなんらかの関わりがあったのではないか、その関わりを隠蔽するために『吾妻鏡』の一部を削除したのでないか、あるいは故意に書かなかったのではないか。

たとえば頼朝が稲毛重成主催の橋供養に出かけて死んだ事件の蔭には、あるいは北条氏の意を受けた重成が一枚嚙んでいたのかもしれない。

のちに畠山氏の乱で重成を殺したのは、その真相を知る重成の抹殺と畠山氏の抹殺を狙った北条氏の一石二鳥の謀略だったかもしれない。このあたり、疑ってゆけばキリがない。

記録がない事件だけに後世さまざまな尾鰭がついて、徳川光圀書くところの『真俗雑談』には、頼朝にとってはなはだ不名誉な死因が記されている。

ある夜、安達盛長が頼朝の館を警固していると、闇のなかに白いものが動いた。よく見ると、被衣《かつぎ》をかぶった男で、いましも女房（侍女）の部屋に忍びこもうとしている。そこで盛長は、「おのれ曲者！」と叫んで斬り倒した。ところが被衣を剥いでみると、その男は頼朝だった。妻政子の目をかすめて女房のもとへ忍ぶところ、この災難にあったのだった。盛長は仰天して自害しようとしたが、さすが恥を知る頼朝は、「わしの死は急病ということにせよ」と言い残して息をひきとったという。

真山青果の戯曲『頼朝の死』はこの説を受けて、頼朝を斬ったのは畠山重保だとしている。頼朝が小周防という若い侍女に恋慕して、政子の目を盗み、被衣をかぶって御所の塀を乗り越えようとしたとき、警固役だった重保が見とがめ、三度声をかけたが答えない。そこで斬り殺してしまった。

これが世間に知れてはみっともないと、政子と大江広元が相談して、落馬と公表したのだとしている。

こんな話になるのも、頼朝があまりにも浮気性だったからだ。妻の政子は焼き餅の焼きっぱなしだった。頼朝が亀の前という女を愛して小坪（逗子市）に囲ったとき、政子が御家人の牧宗親に命じて、その家を破壊させたという事件もあった。

もっとも、政子が頼朝の身辺から自分以外の女性を遠ざけようとしたのは、嫉妬だけからではなかったのではないかとも考えられる。政子は、源氏の血を自分だけの中に閉じこめておきたかったのではないか。つまり源氏の血を他氏に広げたくない、北条氏が独占しておこうという北条一族の思惑があったのではないだろうか。

もし他氏の女に頼朝の子ができたら、将来、相続争いが起こるという懸念がある。他氏の子に将軍職が渡るような事態が起こったら、源氏を担いで権力の掌握をはかるという北条氏の野望は水の泡となってしまうだろう。その意味では頼朝の浮気封じは、北条氏の総意であったのかもしれないのだ。

しかし、これとは全く逆に、頼朝が政子に嫉妬したことが原因で死んだという説もある。細井広沢の弟子の和田正路が書いた『異説区々』こんな話が出ている。

あるとき頼朝が政子に、「御家人のなかでだれかいちばん美男か」とたずねると、政子が、「もちろん畠山重忠です」と答えた。さては政子は重忠と通じているのではないかと疑った頼朝は、その夜、重忠のようなふりをして政子の寝所に忍び入った。怒った政子は長刀を振るって一刀両断にしてしまった。こんな次第だから、頼朝の死のことを『吾妻鏡』には載せられなかったのだというのだ。

だが、俗説もここまでくると、あまりにも荒唐無稽で頼朝が可哀そうだ。

このほかにも病死説がある。死後五日目には頼朝の死は京都にも聞こえたらしく、近衛家実は日記の『猪熊関白記』に「十八日、晴れ、時々雪。前右大将頼朝卿、飲水の重病で、去る十一日、出家したとの風聞がある」と記している。飲水というのは糖尿病のことで、この病いにかかると無性に水が飲みたくなるという症状が現われるからである。頼朝は重い糖尿病に冒され、死ぬ前々日に出家したというのだ。しかし、これもあくまでも風聞であり、確定的とはいえない。

また近代になってからも、京都神護寺に残る肖像画から、頼朝は脳卒中を起こしやすい体質だと診断して、おそらく脳出血で馬上から転落したのだろうという医家の説なども現われている。

しかし、神護寺の肖像画が果して頼朝のものであるかどうかについては美術評論家の間でも疑問視する向きもあり、あくまでも一つの仮説でしかない。

結局、頼朝の死因については諸説紛々、謎としか言いようがない。

梶原景時

巧みな弁舌で気に入られる

治承四年（一一八〇）に挙兵した源頼朝が鎌倉入りを果すと、坂東の豪族たちは先を争って頼朝に服属してきた。なかには挙兵の際には頼朝に敵対した者もいた。

梶原景時もその一人だった。

石橋山の合戦で平家方の大庭景親に敗れた頼朝はわずかな従者とともに伊豆山中に逃れた。主従が山中の洞穴に身をひそめていると追っ手の声が近づいてきた。もはやこれまでか、と観念したとき、一人の武士が洞穴を覗き込んだ。しかし、なぜかその武士はくるりと身をひるがえすと、洞穴から離れ、「ここにはおりませんぞ」と仲間たちに告げながら遠ざかって行った。こうして頼朝は九死に一生を得たのだった。

このとき頼朝を見逃した武士こそ梶原景時だった。景時の時局を見通す目は、平家の滅亡を予知するとともに、頼朝こそが将来の天下人と見抜いていたのであろう。

梶原景時が頼朝に謁見を許されたのは翌養和元年（一一八一）正月のことだが、その巧みな弁舌で、たちまち頼朝の気に入られたという。頼朝は元来が京都育ちだけに、粗野で武骨一点張りの坂東武者たちの中にあって、和歌なども詠み、一応の教養もある景時に親近感を抱いたものらしい。

しかも景時には事務屋としての才能もあった。頼朝がためしに鶴岡八幡宮の造営奉行や、妻政子の出産の宰領などを任せてみると、万事そつなくやってのける。そこで御家人を統括する侍所の所司（次官）に抜擢し、別当（長官）の和田義盛を補佐させることにした。

梶原景時

のちに景時が義盛を越えて別当となるのだが、それについては景時が義盛に、「一日でもいいから、所司と別当職を交替してほしい」
と頼み込み、別当になるとそのまま居座ってしまったという話が伝えられているが、これは後世の作り話のようだ。頼朝が、武弁の義盛よりも景時のほうが適任と判断しての人事だろう。

暗黙のうちに主の意を汲む

この景時が頼朝の無二の側近となったのは、上総介広常を殺してからである。広常は頼朝が石橋山の合戦で敗れて房総に逃れたとき、二万の大軍をひきいて参陣した功労者である。頼朝が坂東をまたたくまに席捲できたのも、広常のお蔭だった。それだけに広常にはとかく尊大な態度をとることがあった。たとえば頼朝と行き合ったときなど、ほかの者は馬から下りて礼を尽すのに、広常は下りずに会釈する。人が注意すると、

「我が家では、これまで三代、下馬の礼をとったことはない」

と、うそぶくといったこともあったという。

御家人たちから「鎌倉殿」と仰がれてはいても、頼朝は自前の軍兵を持っているわけではない。御家人たちに担がれているだけなのだ。そのバランス・オブ・パワーの上に乗っただけの存在にすぎない。

頼朝の目指しているのは、自分を頂点にした御家人の完全な統率だ。そのためには、広常のように頼朝を軽んじる者がいては困るのである。とはいっても、最大の勢力を誇る部下にたいして、文句もつけられない。しかし、いつまでも許してはおけない。

景時は敏感だ。そうした頼朝の気持をいち早く察すると、

「広常を始末しましょう。その役目は某《それがし》に……」

とひそかに相談した。それにたいして頼朝は、かすかに肯くとも肯かぬともしれぬ曖昧な返事をする。このあたりが頼朝の老獪なところだ。

「某にお任せを……」

暗黙の了解をとりつけた景時は、広常の邸を訪ねて双六をしている最中、相手の隙をみすまし、やにわに広常を斬り殺してしまった。そのとき景時が血刀を洗ったという梶原太刀洗い水というのが鎌倉の朝比奈峠の途中に残っている。

この一件で景時は一挙に頼朝の信頼を得たが、その分、ほかの御家人たちの反感を買い、嫌われる原因をも作ってしまったのである。

梶原太刀洗い水

義経との反目

やがて頼朝は弟範頼・義経を代官として木曽義仲と平家の追討に向かわせる。景時も軍監（奉行）として従軍した。義仲が滅ぶと、諸将はわれ先にと鎌倉の頼朝のもとに、「勝った、勝った」と戦勝報告の使者を送った。しかし、勝ったというばかりで、詳しいことは何一つ分からない。いらいらしている頼朝のもとに、もっとも遅れて景時からの使者が到着した。

その使者のたずさえた書状には、合戦の詳しい状況や、木曽軍の戦死者・負傷者の名簿などが抜かりなく揃えられてあり、頼朝もその気配りに感じ入ったという。このあたりに、景時の常人とは一味違う才覚が感じられる。トップがどんな情報を求めているかを察知し、それを提供することも参謀の重要な役割なのである。

ほかの御家人らからは「口舌で頼朝公に取り入ってのし上がったイヤな奴」と嫌われていた景時だが、一の谷の合戦では息子の景季《かげすえ》ともどもめざましい奮戦ぶりを見せているから、景時も口舌ばかりの徒ではなかったようだ。

ところが平家討滅戦の最中、景時と鎌倉殿の弟・義経との間に反目が生じた。

原因は義経がつくった。後白河法皇は義経の功績を賞して左衛門少尉検非違使に任じ、従五位下に叙し、昇殿を許した。しかし、頼朝は御家人が無断で朝廷から任官叙位されることを禁じていた。頼朝は朝廷から独立した政権づくりを目指している。御家人らが任官叙位などで朝廷に取り込まれては困るのだ。

軍監として景時はこれを鎌倉に報告しなければならぬ立場にある。報せを受けた頼朝は、弟が真っ先に御家人統率の制度を乱したと知って激怒した。そして、その後の平家追討の総大将の役目から義経を外して、範頼に命じてしまう。

義経は義経で、兄の不興を買ったのは景時の告げ口のせいだと怒り、両者の対立は屋島の合戦の前に表面化する。

元暦元年（一一八四）八月、頼朝は四国屋島の平家の陣を攻撃するよう義経に命じた。無能な範頼に任せた戦いがはかばかしくないため、やむをえず義経を再起用したのだ。

攻撃に先だっての軍議で、景時は、

「船は馬とちがって自由に動けない。船首と船尾に櫓をつけて進退を自由にしてはいかが」

と提案した。しかし、かねてから景時に不快の念を抱いている義経は、

「戦う前から退くことを考えるとは臆病者のすることよ」

と突っぱねて、大げんかとなった。いわゆる逆櫓《さかろ》論争である。

その対立が解決しないままに義経は単独で手勢をひきいて電撃的に屋島に押し渡り、ものの見事に平家軍を西海に追いはらった。景時が主力をひきいて屋島にたどりついたのは、その後だった。景時の面目は丸つぶれ。

つづいて起こった壇ノ浦の海戦でも、景時と義経は先陣を争って、またもや衝突した。先陣を願い出た景時に、義経は自分が先陣を切るといって許さない。

「総大将が先陣とはおかしい」

と景時が文句を言うと、義経は、

「総大将は鎌倉殿で、自分はお前と同じ御家人にすぎない」

と突っぱねる。頭にきた景時が、

「九郎殿は所詮、人の主にはなれぬお方よ」

と毒づくと、かっとした義経が思わず刀の柄に手をかけ、危うく同士討ちが始まりかねない騒ぎになった。

壇ノ浦の海戦は源氏方の圧勝に終わったが、景時にはまだ仕事が残っている。それは義経の始末だった。

しかし景時は、「この天才的に戦さ上手で、しかも朝廷のお気に入りの判官殿はいまや鎌倉殿

にとっては危険な存在だ」

と考えた。そのころ、遠く離れた鎌倉でも、同じことを頼朝が考えていたのだ。景時の役目は、その頼朝に義経を処分する口実を提供するだけだ。

景時は鎌倉に報告する。

「判官殿（義経）は、このたびの勝利はひとえに自分の功だと傲りたかぶっています。またその専横ぶりに諸将の不満が鬱積しております。わたくしは鎌倉殿の意に叶わぬのではないかと諫めたのですが、かえって罰を受けそうです。この上は、早く御免こうむって鎌倉に帰るのを望むばかりです」

都合よく、範頼からも「義経は戦勝に傲り、わたしの縄張りの仕事まで横取りしてしまった」などという訴えが届く。いずれも頼朝を怒らせる内容だった。そこで頼朝はついに諸国の御家人にたいし「以後、義経の命に従ってはならぬ」という命令を発した。

義経の滅びる運命は、このときに定まったのだった。同時に、告げ口屋としての景時の評判も定まった。

有力御家人の一人、熊谷次郎直実が領地争いの訴訟に負けたとき、

「景時めが相手に都合のいいことばかり将軍のお耳に入れたために、こんな結果になった」

と怒ったというが、事実関係は別にしても、御家人らが景時をどんな目で見ていたかということがうかがえる。

告げ口屋の運命

ところで側近の宿命は、仕えるトップがいなくなると権威が失われてしまうということだ。正治元年（一一九九）頼朝が急死すると、たちまち御家人たちの梶原叩きがはじまった。

新将軍頼家はまだ十八歳、そこで北条氏の働きかけで、十三人の重臣の合議制で幕政を取りしきってゆくことにした。景時もそれに連なってはいるが、席順としては十二番目という扱いだった。これが凋落の第一歩だった。

ある日、頼朝の冥福を祈っている席で結城朝光が、

「忠臣は二君に仕えず、という。最近の不安な世情を見るにつけ、前将軍頼朝公が亡くなられたとき、出家しなかったのが悔やまれる」

と仲間たちに語った。ところが、これを聞いた景時が新将軍頼家に、

「朝光は『忠臣は二君に仕えず』と言っている。これはまさしく新将軍への謀叛であります」

と告げた。

これを伝え聞いて朝光は慌てた。自分まで景時の讒言で陥れられてはかなわないとばかり、和田義盛、三浦義澄、畠山重忠らの実力者に相談する。かねてから景時に反感を抱いていた御家人たちは、鶴岡八幡宮に集結して景時の弾劾状を書き上げ、それに六十六人が署名したというから、いかに景時の評判が悪かったかが分かろうというものだ。

一同は弾劾状を頼家の側近の大江広元に手渡し、将軍に取り次いでくれるよう頼んだ。しかし、文官の広元は景時の能吏としての才能を買っている。そこで頼家に差し出すのを渋っていたが、御家人らの突き上げでやむなく頼家に取り次いだ。

頼家は早速景時に弁明を求めたが、景時は何も言わずに所領の一宮（神奈川県寒川町）に引きこもった。六十六人もの御家人が相手では、もはや何を言っても無駄だと諦めたのだろう。

「故頼朝公に協力して幕府の基礎固めに粉骨砕身した挙げ句がこれか」

と景時としては憤懣やるかたないものがあったろう。

「相手がそう出るなら、おれが新しい幕府をつくってやる」

そう決意した景時は翌正治二年正月、一族を挙げて京に向かって出発した。甲斐源氏の武田有義を新将軍に推戴する計画だったという。しかし、その行く手には早くも幕府の手が回っていた。途中、駿河国清美関《きよみがせき》（静岡県清水市）まで行ったところで、地元の武士らに襲われ、梶原一族は全滅してしまったのである。

北条政子

不肖の子頼家

流人の頼朝が政子のもとに忍び通うようになったのは、政子が二十歳のころのことらしい。時は平家全盛のころで、京都から帰ってきた北条時政は、源氏の流人を婿にするのをはばかり、政子と頼朝の仲を裂いた。そして政子を山木判官兼隆のもとに嫁入らせてしまう。しかし政子は風雨の強いある夜、山木館を抜け出して頼朝のところに逃げて行った。時政もしかたなく二人の仲を黙認したという。

やがて治承四年（一一八〇）頼朝は平家打倒の兵を挙げるのだが、その手兵の中心となったのは政子の実家・北条一族だった。

もし、北条氏という後ろ盾が得られなかったら、頼朝の挙兵は成功せず、したがってのちの鎌倉幕府も樹立されなかったかもしれない。

そういう意味で、北条氏と頼朝を結びつけた政子こそ鎌倉幕府創立の最大の功労者だったということになろう。

北条政子といえば、亭主の頼朝を尻に敷き、嫉妬ぶかく、悪妻の見本のように言われがちだ。たしかに彼女は一途で激しい気性の女性で、たとえば頼朝が囲った妾の家を叩き壊すような行動に出て頼朝を閉口させるようなこともあった。しかし、それはいわば家庭内の事件であって、政治向きのことには彼女は一切口出ししていない。

北条政子

政子が政治の舞台に登場するのは、正治元年（一一九九）正月に頼朝が死んでからのちのことである。そのきっかけをつくったのは息子の頼家だった。二代将軍となった頼家はまだ十八歳である。とても千軍万馬の御家人たちを統率してゆくだけの器量は備わっていない。

頼家の強力な後ろ盾になっていたのは有力御家人の一つ、比企一族だった。比企能員の娘若狭局は頼家の妻となり一幡を産んでいる。かつて北条時政は頼朝の妻政子の父として幕府内で重きをなしていたが、こんどは能員がその立場に立つことになった。

頼家は生まれながらにして将軍の子として育っただけに、父頼朝のように御家人たちにたいする遠慮も気配りもない。祖父の北条時政のことも名前を呼び捨てにしてはばからない。

政子としても面白くない。夫とともに苦労して築き上げた幕府を、比企一族に横取りされたようなものだ。肉親の情としても父のほうに肩入れしたい。

坊主憎けりゃ袈裟まで憎いで、そんな比企一族の言いなりになっている頼家にまで腹が立ってきた。そこで政子と時政は談合して、重臣らの合議制で幕政を取りしきることを決定した。その重臣とは北条時政・義時、比企能員、三浦義澄、和田義盛、梶原景時ら十三名であった。

名目上は若い頼家を補佐するためとなっているが、その実は、頼家から独裁権を取り上げ、その背後にいる比企一族の勢力を牽制しようとしたのだ。

こうなると、こんどは頼家のほうが面白くない。面当てに気に入りの側近をはべらせ、「この五人がどんな狼藉を働いても罰してはならぬ。またこの五人以外は将軍との対面は許さぬ」といった非常識な命令を出し、蹴鞠《けまり》や遊女たちを集めて酒宴に明け暮れるようになった。

この頼家が御家人の安達景盛の妾に目をつけた。そして景盛の留守のあいだにその妾をさらって御所の中に囲ってしまった。激怒した景盛がしきりに頼家の非を鳴らすと、頼家も腹を立て、兵を集めて景盛を討とうとした。

一方、景盛も一族ともども兵を集め、一触即発の有様となった。このとき、見かねた政子が安達屋敷に赴いて景盛の怒りをなだめ、次いで頼家を厳しく叱責した。こうして事件はようやく落着した。

この事件のあと、人々はいまさらのように政子という人物の存在の重さに気がついた。そしてこの事件はまた頼家頼みにならずという気分を御家人たちに植えつけたのである。

比企一族の滅亡

あくまでも父頼朝のように「鎌倉殿」としての権威を振りまわそうとする頼家は翌正治二年になると訴訟の親裁権を復活した。たまたま畠山重忠が自分の領地内の寺社の境界問題について頼家の裁決を仰いだことがあった。すると頼家はいきなり地図の中央に墨で線を引き、このとおりにせよと乱暴な決裁をして人々を呆れさせた。また、重臣の中で広い大きな所領を持つ者から土地を取り上げて側近に与えようとしたこともあった。さすがにこれは反対者が多くて実現はしなかったが、御家人たちの頼家不信の念が急速に高まっていった。

こうなると政子としても考えざるをえない。このままでは、幕府そのものが御家人の支持を失って崩壊してしまう。幕政は実力者の合議制で運ばれてゆくのだから、将軍はおとなしく座っていてくれたほうがいい。

そこで政子は、またもや時政と相談して、政子のもとで養育されていた頼家の弟千幡《せんまん》（実朝）を担いで次の将軍にしようと企てた。

千幡の乳母は政子の妹阿波局で、その夫の阿野全成（頼朝の弟）とともに政子や時政の企てに加わっていた。ところが建仁三年（一二〇三）五月、阿野全成が謀叛の罪で捕らえられ、常陸に流されたのちに殺されるという事件が起こった。

このとき頼家は全成の妻の阿波局をも捕らえようとしたが、政子は妹をかばい、断固はねつけている。このとき頼家は母も敵側に回ったことをはっきりと悟ったにちがいない。

反撃の機会を虎視眈々とうかがっている政子と北条氏にとって絶好のチャンスが訪れた。同年七月、頼家がにわかに発病し、かなり重体となったのだ。

そこで八月二十七日、政子は父時政と相談の上、関西三十八カ国の地頭職を頼家の弟千幡に支配させ、全国の守護職と関東二十八カ国の地頭職の支配は頼家の息子一幡にゆずると発表した。

その一方で政子はいち早く京都に向けて、千幡の将軍宣下（天皇の命令が下ること）を要請すべく、ひそかに使者を走らせている。

本来、頼家が家督を譲るとすれば、そっくり嫡子の一幡にゆずるべきある。この措置には、北条氏が千幡を担いで幕政を二分しようという下心が見え見えだ。

怒ったのは比企能員である。能員は娘の若狭局を通じて、この事態を頼家に報せた。このころ、頼家はふしぎに重体から脱し、床に起き上がれるほどに回復していた。頼家も怒ってすぐさま能員を御所に呼び、北条氏討伐を企てた。

ところが、この動きはいち早く北条方に洩れてしまった。『吾妻鏡』によると政子が障子の蔭でこれを洩れ聞き、早速時政に告げたというが、これは政子自身がというよりは、政子か時政の手の者が御所に入り込んでいたのだろう。

時政はただちに比企討伐を図る。刺客を屋敷内に潜ませ、「宿願の仏事を行うので、ぜひお越しいただきたい」という口上で能員を名越の自邸に招いた。能員の家人らは、これはワナかもしれないと怪しんだが、豪胆な能員は、「行かなければかえって怪しまれよう」といって、わずか郎党二人を供に北条邸に入ったところを刺客に討ち取られてしまった。

時政・政子親子は時を移さず御家人らに命じて比企一族が一幡を擁してたてこもる小御所を攻撃させた。比企一族は必死に防戦したが、衆寡敵せず、ついに全滅した。わずか六歳の一幡も母の若狭局とともに炎の中に消えた。

頼家は病床でこの報せを受け、涙を流したが、どうすることもできない。そんな頼家に政子は出家して妻子の菩提を弔うよう勧めた。勧めたというよりは強制だった。ぐずぐずしていては、朝廷からの千幡の将軍宣下が届きかねない。

政子の強引な説得に、やむなく頼家は九月七日に出家したが、同じ日、朝廷から千幡にたいして征夷大将軍に補するという宣旨が下った。タッチの差だった。

頼家は伊豆の修善寺に幽閉された。頼家は政子や実朝に手紙で、かつての側近を招きたいと申し入れたが、政子は許さず、逆に側近の五人を配流に処した。あげく、翌元久元年（一二〇四）頼家は北条氏の放った刺客によって殺害されたのである。

姉弟コンビ

十一歳で三代将軍となり、実朝と名乗った千幡は和歌好きの貴公子であった。祖父の時政が初代執権として幕政の中枢に座ったから、少年将軍実朝は政子・時政が敷いたレールの上を運ばれてゆく傀儡でしかなかった。

しかし、政子は実家北条氏のためにだけ息子頼家や孫の一幡を犠牲にしたのではなかった。そのことは、元久二年七月、こんどは父時政を追放したことでも知れる。

時政は若い後妻の牧の方を溺愛していた。その牧の方が娘婿の平賀朝雅を擁立して実朝を殺そうとし、時政もこれに荷担したのだ。

政子の願いは頼朝の築いた幕府の安泰である。それを脅かすものは、たとえ子でも父でも許さない。時政と牧の方の陰謀を察知した政子はすぐさま弟の義時とはかり、三浦義村も抱き込んで、父時政を伊豆に追放した。京都守護であった平賀朝雅も幕府からの討手に討たれた。そして義時が二代執権となり、新たに政子・義時の姉弟コンビが誕生する。

この事件の直前に畠山氏が討伐されているが、義時は畠山の所領を討伐に功のあった者たちに分け与えた。しかし幕府の公式記録である『吾妻鏡』は「尼御台所《あまみだいどころ》（政子）の計らいによるなり。」将軍家が幼稚の間、かくのごとし」とわざわざ記している。政子が、いよいよ尼将軍として表に出てきたのだ。

政子は実朝の嫁には、武家の棟梁にふさわしく有力な御家人の足利義兼の娘を迎えようとした。ところが実朝は母の意向を無視し、京都の公家の娘を妻にすると主張し、結局、坊門信清の娘が選ばれた。このとき、政子は「この子もまた頼家のように反抗的になるのでは」という危惧を抱いたのではなかったろうか。

建保六年（一二一八）二月、政子は京都に赴き、次期将軍に皇族を迎える交渉をはじめている。実朝はまだ二十七歳。それなのに早くもポスト実朝の人選をしているのは、政子・義時がすでに実朝を除く計画を立てていたからではないのか。

承久元年（一二一九）正月二十七日、実朝は右大臣就任の拝賀の式典を鶴岡八幡宮で行なった直後、前将軍頼家の遺児公暁の刃にかかって横死した。

一般的にこの事件は義時の謀略とみられている。公暁は実朝が父から将軍の座を奪い、死に追いやったと恨んでいた。義時はその公暁をそそのかして実朝を殺させたのだという。拝賀の式典の際、義時は身体の不調を理由に供の列から外れている。そして事件が起こるとすばやく討手を差し向け公暁を殺してしまった。死人に口なしである。政子がどの程度事件にからんでいたかは分からない。

北条政子の墓

尼将軍の大演説

とにかく実朝が急死して将軍の座が空白となってしまった。そこで政子が尼将軍として「鎌倉殿」の任務を代行することになった。

しかし、飾り雛であっても幕府の象徴として将軍は必要である。そこで政子が手回しよく交渉していた皇族の将軍派遣を朝廷に要請した。ところが後鳥羽上皇はこれを拒絶し、かわりに寵愛する白拍子の荘園の地頭職を罷免するように要求してきた。もちろん御家人擁護の立場をとる幕府は、上皇の要求を一蹴する。

将軍後継者問題は、皇族のかわりに公家の九条道家の子三寅（二歳）を迎えることで決着がついたが、しかしこの件で後鳥羽上皇の反幕感情に火がついた。そして承久の乱が勃発する。

承久三年五月、ついに後鳥羽上皇は諸国の兵を募って挙兵した。武家が政権を握って以来、初の朝廷と武家の正面きった対決である。朝廷は幕府を賊軍として追討令を発している。朝廷軍は官軍であり、幕府軍は賊軍だ。急を聞いて鎌倉に参集した御家人たちの顔にも重苦しい気分が立ちこめていた。

それを打ち破ったのが、六十五歳の尼将軍政子の大演説だった。

「……あなた方は思い出しませんか。むかし、東国の武士が平家の宮仕えをしていたころは、裸足で都に上り下りしていたではありませんか。それを故頼朝公が鎌倉に幕府を樹立し、京都の宮仕えもやめさせました。いまこそその恩に報いるときでありましょう。我が身のためにも頼朝公の恩のためにも、三代将軍の墓を京都軍の馬蹄にかけさせていいものでしょうか。もし、あなた方が京都側の宣旨に従うなら、まずこの尼を殺し、鎌倉中を焼き払ってから行きなさい」

声涙ともに下る政子の言葉は御家人の心を打った。たとえ賊軍といわれようとも鎌倉は守らねばならぬ。政子の言葉に励まされて御家人らの大軍は京都に向かって進撃、朝廷軍を討ち破った。

こうして、幕府創立以来最大の危機であった承久の乱は、表面は執権義時の活躍ながら、実際には政子の果断な決意によって乗り切ることができたのである。

鎌倉幕府のゴッド・マザー政子が六十九歳の生涯を閉じたのは、それから四年後の嘉禄元年（一二二五）七月のことであった。

源実朝

いまだ幼く若き将軍

源実朝は鎌倉第三代の征夷大将軍として武門の頂点に立ったが、それはあくまでも彼にとっては「虚」の世界であった。北条氏の傀儡として生き、迫りくる暗い未来を予感しながら、実朝は和歌の道に「実」の世界を見出す。そして生まれた家集『金槐和歌集』は実朝の名を武人としてよりも歌人として後世にとどめた。

箱根路やわが越えくれば伊豆の海や　沖の小島に波の寄る見ゆ

おほ海の磯もとゞろによする波　われてくだけてさけて散るかも

源 実朝

実朝の代表歌とされるこの二首には万葉風が強く感じられる。当時は藤原定家らの新古今風の唯美的な歌が主流だった。実朝は定家を師と仰いで学びながらも、さらに工夫を加えておおらかな歌風をつくり上げた。それは彼がやはり根は武人だったことの表れだろうか――

実朝が生まれた建久三年（一一九二）は父源頼朝が征夷大将軍となった年である。幼名は千幡。八歳のときに頼朝が急死し、兄頼家が将軍となった。

しかし頼家は生まれながらの将軍という意識が強く、幕府創業の老臣たちの反感を招いた。そして北条時政らは頼家を廃して自分たちの意のままになりそうな千幡を将軍に立てようと画策しはじめる。

建仁三年（一二〇三）八月、頼家が病いに倒れ、危篤状態になった。そこで時政は有力御家人たちと協議し、頼家亡きあとは頼家の子一幡（六歳）を関東二十八カ国の総地頭、千幡（十二歳）を関西三十八カ国の総地頭にすると決定した。

ところが頼家が奇跡的に回復する。怒った頼家は舅の比企能員と密謀して打倒北条氏を図ったが、失敗して比企一族は全滅、頼家は伊豆修善寺に幽閉の身となった。

こうして実朝が次の将軍になったのだが、それはもちろん十二歳の実朝の意思ではない。僧慈円が『愚管抄』で指摘しているように、外祖父の北条時政が「いまだ幼く若き実朝を面に立てた」だけのことであった。

翌元久元年（一二〇四）七月、修善寺に幽閉されていた兄頼家が北条の手の者に殺害された。このとき実朝は自分の将軍の地位が、いや、命そのものも北条氏の手中に握られていることを自覚したのではなかったか。

その北条氏にたいして実朝がささやかながら抵抗を示したのは、結婚のときだった。時政や母政子は足利義兼の娘を実朝の夫人にしようと考えていたのだが、実朝は京の女性を迎えたいと主張し、その結果、坊門信清の娘が選ばれたのである。ここに早くも実朝の京都志向が表われたわけだが、鎌倉幕府や御家人らにとっては望ましからぬ傾向だった。

翌二年（一二〇五）六月、畠山重忠一族が滅びるが、これは独裁をめざす北条氏の挑発に乗せられたものだった。ところが同年閏七月、時政と政子・義時姉弟との対立が表面化する。時政の若い後妻である牧の方が娘婿の平賀朝雅を将軍に押し立てようとし、時政をそそのかして実朝を暗殺しようとしたのだ。しかし、いち早くこれを察知した政子と義時は時政を伊豆に隠居させ、在京していた朝雅を誅殺した。こうして幕府の実権は執権義時と尼御前（政子）の手中に握られた。

時政隠居後に畠山一族の遺領が功のあった御家人たちに分け与えられたが、『吾妻鏡』はこれを「尼御前の御計いによるなり。将軍御幼稚の間、かくのごとし」と記している。

現実世界に絶望

兄頼家は傀儡将軍の座に飽きたらなくて自暴自棄になり自滅したが、実朝は芸術の世界に逃避する。多くの場合、人が芸術をめざすのは、現実生活に敗れたときである。

実朝が初めて歌を詠んだのは元久二年（一二〇五）四月と『吾妻鏡』にある。この九月に藤原定家らの撰上した『新古今和歌集』が鎌倉にもたらされた。京の文化を渇望していた実朝が狂喜したことはいうまでもない。承元三年（一二〇九）には定家に和歌を送って合点（批評）を乞うた。

実朝の家集『金槐和歌集』には三種類あるが、そのうちの「藤原定家所伝本」は定家のもとに送られたものを定家自身が書きとめたものだといわれている。ちなみに『金槐集』の金は鎌倉の鎌の字の偏で、槐は右大臣の唐風の呼び方だ。つまり「鎌倉右大臣歌集」ということになる。

実朝の京都志向は歌道だけにとどまらず、蹴鞠にものめりこんだ。『吾妻鏡』には「当代は歌鞠をもって業となす。武芸すたるるに似たり」と記されている。こうした実朝の生活は当然ながら東国武士たちの批判を招いた。しかし、将軍を傀儡化し、執権独裁をもくろむ北条氏にとってはむしろ好ましい状態だったろう。

建暦元年（一二一一）後鳥羽上皇の和歌所寄人《よりうど》となって歌人として知られる鴨長明《かものちょうめい》が鎌倉に下ってきた。この高名な歌人と実朝がどんなことを語り合ったのかは分からないが、あるいは長明もまた実朝に迫る暗い運命を予知したのではなかったか。冒頭で「ゆく河の流れは絶えずして、しかも、もとの水にあらず……」という世の無常を嘆く『方丈記』を長明が執筆したのは、その翌年のことである。

北条氏へ北条氏へと御家人たちがなびていく中で、鎌倉幕府創立以来の功臣である和田義盛は硬骨ぶりを発揮し、将軍実朝を愛していたようだ。ところが建保元年（一二一三）五月、その義盛が北条氏の挑発に乗せられて挙兵した。しかも北条氏の巧みな操作によって、義盛の挙兵は将軍家にたいする謀叛とみなされ、御家人たちの総攻撃をうけて一族が全滅する。

合戦後、実朝は寿福寺で和田一族の法要を行ない、さらに二年後の建保三年（一二一五）には、夢に義盛が現れたからといって、幕府内で法要を営んでいる。あるいは北条氏にたいする面当《つら》てだったのかもしれない。

虚しく潰えた渡宋の夢

建保四年（一二一六）、宋人の陳和卿《ちんわけい》が鎌倉に来て実朝に拝謁したとき、「将軍は私がむかし師事した宋の医王山の長老の生まれ変わりである」と述べ、涙を流した。以前に夢に現われた老僧から同じことを告げられたことのある実朝はすぐに和卿に信服し、にわかに渡宋のための大船建造を思い立った。

和卿の指揮によって由比ケ浜に大船が建造され、翌年二月に完成したが、この大船は海に浮かばなかった。『吾妻鏡』は「かの船はいたずらに砂頭に朽ち損ず」と記している。

このころ、実朝は異常なほど官位の昇進を望んだ。将軍即位時に従五位上・右近衛少将に任じられたが、以後、累年官位が進み、十三年後の建保四年（一二一六）六月には権中納言、同年七月には左近衛中将に補任されている。

しかもこのとき実朝はさらに近衛大将を望んだ。まもなく渡宋のための大船の建造にかかる時期である。厭世的な行為をしながら、一方では官位昇進という現世での栄達を求めるあたり、すでに実朝の心の乱れが表われているようである。このとき執権義時は大江広元を通じて、思いとどまらせようとした。

「官位昇進などは辞退して、征夷大将軍として専心なされ、後年になってから近衛大将を望まれてはいかがか」と諫める広元に、実朝は、「源氏の正統も私の代で終わる。子孫が継ぐこともないだろう。だからあくまでも官位を上げ、家名を上げようと望んでいるのだ」と答えた。これには広元も言葉もなく退出したという。そして実朝はこの年十一月、中納言へ昇進している。

実朝は官位を望むがままに引き上げてくれる朝廷にたいして素直に感謝の気持を抱いていたようだ。

山はさけ海はあせなむ世なりとも
君にふた心わがあらめやも

実朝は後鳥羽上皇にこのような歌を詠進している。しかし朝廷が自分たちから政権を奪った鎌倉幕府の棟梁に心底から好意を抱いているはずがないのである。憎っくき相手の官位をどんどん引き上げ、やがて相手が官職の重さに耐えきれなくなって自滅するのを待つ「官打ち」は朝廷の常套手段だ。

しかし、朝廷の真の敵は実朝ではなく、その背後にいる執権北条氏なのだ。建保六年二月に政子が上洛した。表立っては熊野詣でという理由だったが、実は京都から皇族将軍を迎えるための下交渉だった。まだ実朝は二十七歳である。それなのに後継者擁立の工作を開始したというのは、政子や義時に、すでに実朝を殺すとまではいかなくとも、廃する下心があったことがうかがわれる。

「君にふた心わがあらめやも」と忠誠を誓っている朝廷からは「官打ち」に遭い、幕府内部からは浮き上がって邪魔者扱いされている実朝こそ哀れである。

不吉な官位の昇進

建保六年（一二一八）正月、実朝は権大納言となった。そしてこの年の昇進には異常な加速がついている。三月に左近衛大将となり、十月には内大臣となり、さらに十二月にはついに右大臣に任じられた。だが、その一方で、悲劇の舞台も着々と準備されつつあったのだ。

明けて建保七年（一二一九）正月二十七日。実朝の右大臣拝賀の式典が鶴岡八幡宮で行なわれる日である。夕刻、大蔵の館を出る実朝に、大江広元が、「なにやら不吉な予感がします。腹巻（鎧）を召されては」と勧めた。あるいは広元はこれから起こる凶変を知っていたのかもしれない。しかし実朝はそれを斥け、

　出ていなば主なき宿となりぬとも
　軒端の梅よ春を忘るな

と一首詠んで出かけていった。聞きようによっては辞世ともとれる歌である。

かつて、

　おほ海の磯もとゞろによする波
　　われてくだけてさけて散るかも

と実朝は歌った。その、とどろに寄せる波に実朝は何を見ていたのか。砕け散る己れの姿を見てはいなかったか。
実朝の一行が八幡宮の楼門を入ったとき、宝剣を奉持していた北条義時が、急に気分が悪くなったといって自宅に帰って行った。

凶事は実朝が式典を終え、退出するときに起こった。大銀杏の蔭に隠れていた男が、突然、実朝に襲いかかったのだ。警備の武士が駆けつけたときはすでに遅く、男は実朝

源実朝の墓

の首を高々とかかげ、「亡き将軍頼家の一子阿闍梨公暁が父の仇を討ち取った！」と叫んで闇に消え去った。

この公暁は父亡きあと鶴岡八幡宮の別当となっていたのだが、叔父実朝こそ父の仇と思いこみ、このたびの凶行に及んだのだった。そそのかしたのは義時だと思われるが、証拠はない。公暁もその夜のうちに義時と共謀した三浦氏のために殺された。死人に口無しである。いずれにしろ、ここに源氏の血筋は完全に断たれたのである。

日蓮

法華経こそが真実である

日蓮は承久四年（一二二二）安房国東条郷小湊（千葉県安房郡）の漁夫の子として生まれた。幼少のころのことはほとんど分からないが、十二歳のとき、二つのことに疑問を持ったという。その第一は、仏法はただ一人の釈迦の教えであるのに、どうしてこうも多くの宗教があり、互いに勢力を争っているのだろうか。第二は、日本は神や仏に日夜鎮護されているはずなのに、なぜ安徳天皇は源氏のために壇ノ浦に沈み、後鳥羽・土御門・順徳の三上皇は隠岐・阿波・佐渡に流されたのだろうかという疑問だった。

天下国家の救済をめざす日蓮の素地が、早くもこの二つの疑問に表われている。

日蓮はそれを解決するために近くの清澄山に入って道善房に師事した。このとき薬王丸と名づけられたという。熱心に修行したものの彼の抱いていた疑問は解決しない。そこで十六歳のときに出家して是聖房蓮長《ぜしょうぼうれんちょう》と名を改め、諸国遊学の旅に出た。そして比叡山、高野山、四天王寺などの道場で修行、ついに天台宗の法華経こそが真実の仏説であり、それは「南無妙法蓮華経」の七字の題目に集約されているとの結論を得た。

建長五年（一二五三）安房の清澄山に帰った蓮長は、四月二十八日の暁、太平洋から昇る朝日に向かって「南無妙法蓮華経」の題目を唱えた。このとき法華宗が誕生した。蓮長の父母が最初の弟子となり、父に妙日《みょうにち》、母に妙蓮《みょうれん》という法号をさずけた。そして自分は父母の名を合わせ、日蓮と号したという。

しかし、当時隆盛だった禅宗や念仏宗を邪宗ときめつける日蓮の法華宗はたちまち周囲から迫害を受け、特に地頭の東条景信は熱烈な念仏者だっただけに日蓮を憎み、命まで狙われる有様となった。そこで日蓮は安房から逃れ、当時日本の覇府であった鎌倉に出て布教を開始したのだった。

日蓮

鎌倉の名越の松葉ヶ谷に草庵をむすんだ日蓮は、そこを本拠として、日ごと、街頭に立って辻説法を行なった。心ない人々の罵倒や投石を浴びたが日蓮は一向にひるまない。そうした努力が実を結び、日蓮を師と仰ぐ者も少しずつ増えていった。最初の弟子はもと天台宗の学僧であった日昭で、その甥の日朗も入信している。ささやかながらも日蓮の教団が形づくられていった。

猛烈な批判が弾圧を招く

このころ日本全国に大地震、暴風雨、流行病、火災、洪水、旱魃などがつづいて飢饉が起こり、また日蝕・月蝕などもあって人心が不安に陥った。

日蓮が『立正安国論』を著したのは、まさにこういう時期であった。その中で日蓮は他宗を邪宗として猛烈に批判し、「すみやかにこの邪宗を禁じないと天変地異が相次ぎ、自界反逆難（内乱）と他国侵逼難（異国の襲来）を受け、ついには国を滅ぼすだろう」と説く。

文応元年（一二六〇）に日蓮はこの『立正安国論』を御家人の宿屋光則を通じて前執権北条時頼に呈上した。時頼は無視したが、その舌鋒の鋭さは他宗の反感を招き、ついには八月二十七日の夜、松葉ケ谷の草庵が焼き打ちされるという結果を招いた。これが第一の法難だった。

松葉ケ谷から危うく逃れた日蓮は下総（千葉県）の富木五郎胤継という信者のもとに身を寄せた。その日蓮のもとには近在の武士らが日蓮の法話を聞くために集まり、たちまち多くの信者を得た。松葉ケ谷の法難は、かえって日蓮の下総における布教の新たな拠点づくりに力を貸した形となったのである。

日蓮がまたもや鎌倉に姿を現わしたのは翌弘長《こうちょう》元年（一二六一）の春ごろだったらしい。性懲りもなく辻説法を開始した日蓮に怒った念仏者らは、日蓮の処罰を幕府に訴えた。幕府は「御成敗式目」の「悪口の科」を口実にして、日蓮を伊豆に配流した。日蓮第二の法難である。

しかし、流人になったからといって神妙におとなしくしている日蓮ではない。伊豆もたちまち布教の拠点となった。伊東市の仏現寺は配流された日蓮が赦免されるまでの二年間をすごしたところである。この地の地頭八郎左衛門が日蓮の祈禱で病気が治ったことから、日蓮に帰依し、邸内に一宇の堂を立てたのが起こりで、日蓮四十四カ寺本山の一つになっている。付近の八カ寺はいまも輪番でこの聖地を守っている。

弘長三年二月、日蓮は許されて鎌倉に帰ったが、翌文永元年（一二六四）秋、久しぶりに郷里の小湊に帰ったときに第三の法難である小松原の刃難が日蓮を見舞う。かねてから日蓮をつけ狙っていた地頭の東条景信が数百人もの手勢をひきいて日蓮の一行を襲ったのである。日蓮の弟子らは必死に防戦したが、工藤吉隆と鏡忍房が殺された。日蓮も頭に傷を負い、腕を折られたが、ようやく逃げのびている。

しかし、それにもめげず日蓮は、そののち安房・上総・常陸方面を精力的に動きまわり多くの信者を得ている。そのなかには、のちに小湊に誕生寺を建立した日保などもいる。

予言的中

こうして日蓮が東関東に布教活動をつづけている間に、日本に国難がおとずれた。文永五年（一二六八）に蒙古の使者が国交を求める高圧的な国書をもたらしたのである。国中が蜂の巣をつついたような騒ぎとなり、幕府や朝廷は全国の寺社に「敵国降伏」の祈願を開始した。

このとき日蓮は自分の「他国侵逼難」の予言が当ったことを説き、執権北条時宗をはじめ十一の諸大寺に書状を送り、またもや猛烈な他宗折伏《しゃくぶく》を開始する。その中で日蓮は「念仏は無間地獄に堕す。禅は天魔の所業。真言は亡国の教え。律は国賊である」と罵っている。禅宗に深く帰依していた時宗や諸大寺はこれを無視したが、日蓮はなおも声を大にして他宗の折伏をつづけた。日蓮の非難にたまりかねた念仏者たちは幕府に訴え出る。そこで幕府は先の伊豆配流のときと同じく「悪口」の科で日蓮を逮捕する。文永八年（一二七一）九月のことで、これが日蓮第四の法難である。

捕えられた日蓮は、今度は佐渡に流されることになったが、佐渡配流は名目で、実は途中の竜ノ口で斬る予定だったという。九月十二日、日蓮は竜ノ口の斬首の座に据えられた。伝説によると、そのとき一条の怪しい光が夜空を駆けぬけ、首切り役人の刀が折れた。警固の役人らは恐れおののき幕府にこのことを報せた。そこで幕府は日蓮を斬るのを断念し、予定どおり佐渡に流したという。日蓮の佐渡配流とともに信者たちへの弾圧が開始され、教団は壊滅的な打撃を受けた。「千人のうち九百九十九人までが堕ちてしまった」と日蓮が述べているほどだ。

佐渡に流された日蓮を佐渡守護代の本間重連は塚原の三昧堂《さんまいどう》に放置した。そこは死人の捨て場で、一間四方の堂には仏像もない。床は板間が合わず、まわりの壁は破れて雪が吹きこむような堂だったという。

餓死寸前の日蓮を助けたのは阿仏房とその妻だった。阿仏房はもと遠藤為盛という北面の武士で、承久の乱に敗れて佐渡に配流となった順徳院の陵守《みさきもり》をしていたのだが、日蓮が流されてくると、夜蔭ひそかに食べ物を運んだ。そしていつしか日蓮に帰依し、阿仏房という法名を授けられたのだった。

阿仏房ばかりでなく、国府入道、最蓮房などという人々が次々と日蓮に帰依し、念仏を捨てて題目を唱えるようになった。本土からはるばる日蓮を慕って海を渡って来る信者もあった。脅威を感じた念仏宗の僧たちは塚原で日蓮に宗論《しゅうろん》を挑んだが、いとも簡単に論破されてしまう。

　ところで文永九年（一二七二）二月、執権時宗の庶兄時輔が京都で反乱を起こした。それ見たことかと日蓮は勢いこんでいう。

日蓮配流の佐渡根本寺

「見よ、さきに予言した自界反逆難はすでに起こった。遠からず他国侵逼難が起こるであろう」

　蒙古の襲来近しと恐れおののいている人々に、日蓮の言葉は説得力があった。「われ日本の柱とならん」という力強い言葉は、この佐渡での配流中に著した『開目抄』の中に見られる。こうして日蓮を取り巻く信者が急速に増えていった。

　日蓮を佐渡に封じこめようとした幕府の目論見は完全にはずれ、いったんは壊滅したかと思われた日蓮の教団は、佐渡を新たな土壌として不死鳥のように蘇ったのである。

鎌倉でも日蓮の赦免の動きが起こり、在島三年後の文永十一年（一二七四）の春、日蓮は鎌倉に帰った。しかし現在に至るも日蓮の佐渡での活動の足跡は佐渡根本寺ほか数多くの寺院や「聖跡」として残されていて、法華宗の寺院は三十二寺に及ぶ。

執権北条時宗はその日蓮に他宗派とともに敵国降伏の祈禱を行なうよう求めたが、もとより法華宗が絶対唯一の正法と信ずる日蓮が承知するはずがない。法華宗を公認しようとしない幕府を見限った日蓮は、五月になると身延山に隠棲してしまった。

日蓮の予言した「他国侵逼難」はその直後に起こった。文永十一年の秋と弘安四年（一二八一）の夏、蒙古が二度にわたって北九州に襲来したのである。

この間、身延山での厳しい生活に健康を害した日蓮は、弘安五年（一二八二）に山を下り、十月十三日に武蔵国池上で大往生をとげた。六十一歳。池上本門寺がその終焉の地である。

北条高時

衰退する幕府

応長元年（一三一一）九月、十代執権北条師時が死去した。得宗家の嫡男高時がまだ九歳だったので、北条一門の大仏宗宣が十一代執権職についた。

さらに宗宣の死後は十二代熙時から十三代基時へと執権職は北条一門の間をたらいまわしにされていったが、彼らはいずれも高時の成長を待つ間のつなぎの執権にすぎなかった。

高時がようやく十四代執権となったのは正和五年（一三一六）のことで、このとき十四歳だった。連署は一門の金沢貞顕だった。とはいえ、そのころ内管領（得宗家の執事）の長崎高綱・高資父子が絶大な権威をふるい、執権はまるで内管領の傀儡のようになっていた。

高時について『増鏡』は、田楽や闘犬などにうつつを抜かしているといい、『太平記』も、高時は行跡が悪く、政道は正しからず、民の疲弊を考慮せず、日夜、逸楽にふけってばかりいると酷評している。

しかし、この時期、御家人たちの心は幕府を離れ、幕府のシステムそのものが崩壊寸前の状態だった。高時がすぐれた為政者だったとしても食い止めることができたかどうか疑問だ。幕政の実権は長崎父子がにぎっていたのだから、批判はむしろ長崎父子に向けられるべきだろう。

そのころ、京都では皇統が後深草天皇の持明院統と亀山天皇の大覚寺統に分裂していた。そして原則的に二統が交替で皇位に就くという変則的な状態になっていた。両統とも現在の天皇が譲位すれば自統の天皇が立てられるわけだ。そこで両統とも、幕府に働きかけて、相手方の天皇を早く退位させようとした。そのための鎌倉への使者の派遣は、まるで「競馬《くらべうま》のようだ」と当時の人々に冷笑されるほどだった。

そんな中、九十六代後醍醐天皇が即位したのは文保二年（一三一八）のことだった。後醍醐天皇は英邁にして剛毅な性格だったため、皇位が幕府の意向によって定まるといった状況が我慢ならなかった。そこで密かに蔵人頭（秘書官長）の日野俊基や日野資朝らと語らって倒幕の謀議を行なった。

ところが、これが幕府の京都出張所ともいうべき六波羅探題に察知された。そして正中元年（一三二四）九月、日野資朝・俊基が首謀者として捕らえられた。後醍醐天皇は北条高時に使者を送り、「自分はこのたびの一件には関係がない」と申し送った。典型的なトカゲの尻尾切りである。

『太平記』によると、高時は「この事件の黒幕は後醍醐天皇である。承久の変のときのように天皇を遠国に流すべきである」と主張した。ところが天皇の親書を朗読した者が咽喉に腫れものができ、七日目に血を吐いて死んだ。そこで神罰が下るのを恐れて、天皇の島流しは沙汰止みになったという。結局、この事件は日野資朝が佐渡に流され、日野俊基は証拠不十分ということで釈放されて落着した。これを正中の変という。

こうした状況をよそに、高時は相変わらず日夜酒宴にふけり、田楽にうつつを抜かしていた。『太平記』はこんな話を伝えている。

当時、都では貴賤を問わず田楽が流行していた。それを聞いた高時は田楽の名人たちを鎌倉に招いて日夜楽しんでいた。そして御家人たちに田楽法師を一人ずつ預け、装束を飾らせた。そこで御家人たちも競争意識をもって金銀珠玉で衣裳を飾り立てた。そして一曲舞うたびに高時をはじめ御家人たちが田楽法師に衣服を投げ与えたので、それが山のようになったという。

ある夜、酔った高時が一人で田楽を舞っていると、どこからともなく十余人の田楽法師が現われ、一斉に「妖霊星を見たか」と噺しながら舞い始めた。侍女がこれを聞いて、あまり面白そうなので障子の隙間から覗いてみると、田楽法師と見えたのは人間ではなかった。嘴が鳶のように尖っている者や翼が生えた山伏のような者など、異形の化物が人の姿をしているのだった。驚いた侍女が人を呼ぶと、高時だけが呆然としていて、化物どもは掻き消すように失せ、宴席には禽獣の足跡が残るばかりだったという。のちにある学者がこれを伝え聞いて、「天下がまさに乱れようというとき、妖霊星という悪星が下って災いをなす」と語ったという。

また、庭で犬が嚙み合いをしているのを見て興を覚えた高時が闘犬に夢中になり、諸国に触れ出して強い犬を集めはじめた。各地の守護や御家人が十匹、二十匹と鎌倉に運んでくるので、それを飼うのに莫大な費用がかかった。そんな犬を輿に乗せて運ぶときには、先を急ぐ者も馬から下りてひざまづき、田畑で働く農夫たちもその輿を担ぐ役を押しつけられた。こうして鎌倉中に四、五千頭もの犬が充満したという。

そして月に十二度、犬を嚙み合わせる日を決め、北条一族や守護大名、御家人たちが北条館に参集して見物した。一度に百頭か二百頭も放って嚙み合わせるので、その咆哮は天に響き、地をゆるがすばかりだったという。

こうした乱行のあげく、嘉暦元年（一三二六）二月に高時は病いに伏して出家し、執権職を連署の金沢貞顕にゆずった。しかし貞顕はわずか一カ月後に辞職し、一門の赤橋守時が十六代執権となった。

元弘の乱起こる

怪物と踊る北条高時

正中の変にもめげず、後醍醐天皇はまたもや鎌倉幕府打倒を企てた。このたびもまた謀議の首謀者は日野俊基だった。ところが、密告によってこれが知れ、ただちに六波羅の軍勢によって一味は捕らえられ、日野俊基は鎌倉に護送されて斬られた。

ここに至って後醍醐天皇もついに決起した。元弘元年（一三三一）八月、天皇は三種の神器をたずさえて京を脱出、笠置山（京都府相楽郡）に立てこもった。そして諸国に兵をつのったが、馳せ参じたのは近国の土豪ばかりで、名だたる武将の決起はなかった。

このときのこととして『太平記』は後醍醐天皇が「木の南」に玉座ありという霊夢を見て、河内（大阪府）の金剛山のふもと赤坂に住む楠木正成を招いたという話を載せている。結局、笠置山は幕府の大軍に攻められて陥落し、後醍醐天皇は隠岐に流されたが、楠木正成は千早・赤坂城で機略縦横の戦いぶりをみせて幕府軍を悩ました。その間に各地で天皇方に味方する挙兵が相次いだ。

やがて隠岐に流されていた後醍醐天皇が脱出し、伯耆（鳥取県）の名和長年に迎えられて船上山に挙兵し、諸国の武士に決起をうながす綸旨を発した。そして京都に向かって進撃を開始する。

北条高時は足利高氏（のち尊氏）らを差し向けて天皇の入洛を防ごうとした。足利氏は下野国足利庄（栃木県足利市）を本拠とする有力御家人である。その祖は八幡太郎義家にさかのぼり、れっきとした清和源氏の血筋を引いている。元服のさいに高時から諱《いみな》の一字を与えられ高氏と名乗り、執権の赤橋守時の娘登子を妻にしている。いわば北条氏の身内のようなものだった。

高氏はこれまで楠木攻めには出陣を命じられなかった。高時はなんとなく高氏の動向が不安だったのだ。そこで、このたびの出陣にさいして、妻と嫡男の千寿丸（義詮）を人質に取った。このことは逆に高氏に高時にたいする不信の念を抱かせたようだ。それに高氏には天下の形勢がはっきりと天皇方に有利に傾いていることも分かっていたろう。

高氏は上洛して伯耆船上山に向かう途中で後醍醐天皇の綸旨を受け、四月二十七日に丹波の篠村八幡（京都府南桑田郡）の社前でついに幕府に反旗をひるがえした。源氏の嫡流である足利高氏の挙兵は幕府勢力に衝撃を与え、勢いづいた天皇方の武将がぞくぞくと挙兵に踏み切った。

高氏の軍勢は京に攻め入り、六波羅を攻撃した。探題の北条仲時は美濃（岐阜県）の番場宿まで逃れたところで天皇側の軍勢に包囲され、四百三十余人が自刃した。

一方、関東でも上野国の御家人新田義貞が五月八日に挙兵した。義貞は楠木攻めに加わっていたが、そのうち北条氏に見切りをつけ、病いと称して領国へ引き揚げていたのだ。新田氏と足利氏は同じ八幡太郎義家を祖とする同族である。義家の次男義国が下野国足利庄（栃木県足利市）に住み、義国の長男義重が上野国新田庄（群馬県太田市）に移って新田氏を称し、次男義康が家督をついで足利氏の祖となったのだ。

挙兵した義貞は怒濤のように鎌倉めざして関東平野を南下した。そして五月十一日に小手指原（埼玉県所沢市）で幕府軍を蹴散らし、翌十二日には久米川の幕府軍を撃破した。幕府軍は多摩川の分倍河原（東京都府中市）に退いて態勢を立て直し、ここを最後の防衛線とした。

十四日の夜、北条高時の弟泰家を大将とする援軍が到着し、翌十五日から合戦が始まった。この日は新田軍に分が悪く、苦戦に陥って退却した。しかし翌十六日の払暁、新田軍の奇襲で幕府軍は大混乱に陥り、大将泰家は辛くも命拾いし、鎌倉さして落ちて行った。

分倍河原の敗戦に高時は驚愕した。そして急ぎ軍議を開き、鎌倉を死守すべく陣容を整えた。新田軍の来攻は巨福呂坂・化粧坂・極楽寺坂切通しの三方からと予想された。そこで執権赤橋守時は巨福呂坂へ、金沢貞将は化粧坂へ、大仏貞直は極楽寺坂に布陣して新田軍を迎撃することに決した。

こうして鎌倉攻防の決戦は五月十八日から始まった。巨福呂坂を守った赤橋守時は新田勢を迎え撃って一昼夜のうちに六十五度もの合戦を繰り返し、ついに力尽きて自殺した。

化粧坂でも激戦が展開されていた。ここは藤沢方面から葛原岡を通って鎌倉に入る切通しである。幕府軍の抵抗は激しく、四日後の二十一日になっても新田軍は突破できない。義貞がここで一進一退の攻防をつづけるうち、極楽寺坂方面で新田勢の部将大館宗氏が幕府軍の猛反撃にあって討死したという報せがとどいた。

そこで義貞はみずから極楽寺坂切通しに転進した。しかし、そこには幕府軍が固く守っていて、とても突破できそうもない。そこで義貞は海岸の稲村ケ崎に向かった。稲村ケ崎は七里ケ浜の東端に突き出した断崖の岬である。いまは湘南道路の切通しが岬の根元を突っ切っているが、当時はそんな道路はない。断崖を伝って回り込む以外にないのだが、その断崖には激浪が打ち寄せ、とうてい軍勢が通れる場所ではない。

このとき義貞が黄金造りの太刀を海中に投げ込んで竜神に祈りを捧げたところ、不思議にも潮が引いて断崖の外側に干潟が現われたという伝説がある。あるいは義貞が干潮の時刻をみはからって、ひと芝居演じてみせたのかもしれない。

ともあれ義貞は六万の兵をひきいて干潟づたいに鎌倉市中に突入した。それに呼応して巨福呂坂、化粧坂切通しからも新田軍が一挙に幕府軍の陣を突破して市内に乱入した。前後から挟み撃ちになった幕府軍はたちまち崩れ立った。そのうち新田軍が放った火が激しい浜風にあおられて、たちまち燃え広がった。

北条一族腹切りやぐら

高時は火が北条館にまで迫ってきたので、味方の千余騎とともに近くの東勝寺に移った。この寺は北条氏代々の墳墓の地だった。近づいてくる敵の喚声を聞きながら、高時は腹を切った。これを見て一門の者どもが相次いで腹を切り、あるいはみずから首を掻き落とした。『太平記』によれば総勢二百八十三人が自害して果てたという。血は流れて大地にあふれ、死体は累々と重なって山をなした。

もし高時が俗に伝えられているような暗愚な人物だったら、これほどの殉死者が出ただろうか。この一事を見ても、高時の悪評は割引きして考える必要がありそうだ。

ともあれこうして元弘三年（一三三三）五月二十二日に鎌倉幕府は滅亡した。北条執権は十六代つづいたが、十五代貞顕はわずか一カ月で辞任しているのだから、実質的には十五代だったとみていいだろう。次の室町幕府も十五代足利義昭のときに滅亡した。そしてその次の江戸幕府も十五代徳川慶喜のときに幕を引いた。

そうしてみると、組織の盛衰というのは十五代あたりというのが何らかのエポックになるのかもしれない。また、八代についても同じようなことが言える。鎌倉幕府は八代執権北条時宗が出て国難に対処した。室町幕府は八代将軍足利義政のときに応仁の乱が起こって戦国時代に突入した。徳川幕府は八代将軍が享保の改革を断行して、幕府中興の祖といわれたのである。

鎌倉史跡索引

あ行

か行

さ行

著者略歴

鈴木　亨（すずき・とおる）

昭和7年、福島県会津生まれ。早稲田大学文学部仏文科卒。人物往来社出版部長、秋田書店出版部長、同社「歴史と旅」編集長を歴任して、現在は著述業。神奈川県鎌倉市在住。日本文芸家協会会員。

主な著書に『会津名所図会』『歴史の島を行く』『横須賀線歴史散歩』『湘南電車歴史散歩』『都電荒川線歴史散歩』『ヨーロッパ古城の旅』『ライン河の古城』（以上、鷹書房弓プレス）『古城名城100話』（立風書房）『古代天皇の都』（東洋書院）『新選組100話』『日本合戦史100』『空から見た古墳』『軍師と家老』（中公文庫）『リーダーの決断力』『名字で歴史を読む方法』（河出夢新書）などがある。

鎌倉《かまくら》を歩《ある》く　時宗《ときむね》を歩《ある》く

二〇〇一年四月二十五日　初版発行

著　者　鈴木《すずき》　亨《とおる》

発行者　寺内由美子《てらうちゆみこ》

発行所　鷹書房弓《たかしょぼうゆみ》プレス

東京都新宿区水道町二−一四

電　話　〇三−五二六一−八四七〇

ＦＡＸ　〇三−五二六一−八四七四

振替　〇〇一〇〇−八−二二五二三

郵便番号　一六二−〇八一一

印刷所　堀内印刷株式会社

製本所　誠　製本株式会社

ISBN4−8034−0460−7　C0021